연세 한국어 6-2

연세대학교 한국어학당 편

연세대학교 출판문화원

연세 한국어 **6-2**

편저자 연세대학교 한국어학당 교재편찬위원회
집필진 전나영·손성희·김제열·이계현
임지숙·전지인·조인옥·김윤경
발행 연세대학교 출판문화원

주소 서울시 서대문구 연세로 50
전화 2123-3380~2
팩스 2123-8673
ysup@yonsei.ac.kr
http://www.yonsei.ac.kr/press
등록 1955년 10월 13일 제9-60호
인쇄 (주)네오프린텍
삽화 디투웍스
녹음 (주)반도음반
성우 곽윤상·윤미나·전광주·홍소영

2013년 3월 5일 1판 1쇄 2023년 8월 31일 1판 6쇄
ISBN 978-89-97578-99-3(08710)
ISBN 978-89-97578-97-9(08710)(세트)

값 20,000원 (CD포함)

머리말

국내 최고의 명성으로 한국어 교육의 50년 전통을 이어 온 연세대학교 언어연구교육원 한국어학당에서는 한국어 교육의 질을 높이기 위해 그 동안 많은 교재를 편찬해 왔다. 최근 한국과 한국 문화에 대한 세계인들의 관심이 높아지고 한국어를 배우고자 하는 해외동포와 외국인이 늘면서 한국어 교재에 대한 학습자들의 요구도 다양해졌다. 이에 따라 연세대학교 언어연구교육원 한국어학당에서는 다양한 학습자들을 대상으로 한국어와 한국 문화를 교육할 수 있는 새로운 교재를 출간하게 되었다.

연세대학교 언어연구교육원 한국어학당에서 출간하는 이 교재는 한국어 초급 학습자를 위한'연세 한국어 1'과 '연세 한국어 2', 중급 학습자를 위한 '연세 한국어 3'과 '연세 한국어 4', 고급 학습자를 위한 '연세 한국어 5'와 '연세 한국어 6 '의 총 6권으로 되어 있다. 각 교재는 학습자들의 한국어 능력에 따라 필요한 여러 가지 유형의 의사소통 기능을 집중적으로 향상시킬 수 있도록 구성되었다.

'연세 한국어'는 한국어 학습 단계별로 요구되는 내용을 주제로 대화가 구성되었으며 어휘와 문법에 대한 집중적인 연습뿐만 아니라 말하기, 듣기, 쓰기, 읽기 능력을 균형 있게 향상시킬 수 있도록 다양한 과제와 활동으로 구성된 통합형 교재이다. 또한 학습자들이 흥미를 가질 수 있는 주제와 장면을 기초로 여러 가지 의사소통 기능을 수행하면서 학습자가 중심이 되어 한국어를 배우고 익힐 수 있도록 배려하였다.

'연세 한국어'가 연세대학교 언어연구교육원 한국어학당에서 공부하는 학생들뿐만 아니라 한국어를 정확하게 이해하고 구사하려는 모든 한국어 학습자들에게 도움이 되기를 바란다.

연세대학교 언어연구교육원
한국어학당 교재편찬위원회

일러두기

- '연세 한국어 6'은 한국어를 배우려는 외국인과 교포 성인 학습자들을 위한 고급 단계의 책으로 총 10개의 과로 이루어져 있으며, 각 과는 3개의 항으로 이루어져 있다. '연세 한국어 6'은 고급 수준의 한국어 숙달도를 지닌 학습자가 꼭 알아야 할 주제를 중심으로 구성되었으며 이와 함께 필수적인 어휘와 문법, 문화를 소개함으로써 한국어 능력을 향상시키고 아울러 한국에 대한 이해를 넓히고자 하였다.

- 각 과의 앞에는 해당 과의 제목 아래에, 각 항의 제목과 과제, 어휘, 문법, 문화를 제시하여 각 과에서 다룰 내용을 한 눈에 알아보기 쉽게 하였다. 그리고 매 과의 마지막 항은 복습 항으로 그 과에서 다룬 내용을 종합적으로 복습할 수 있도록 하였다. 문화 부분은 각 과의 주제와 관련된 내용을 선정하여 다루었다.

- 각 과의 제목은 주제를 명사형으로 제시하였으며, 각 항의 제목은 소주제를 명사형으로 제시하였다.

- 각 항은 제목, 학습 목표, 사진과 질문, 시각 자료와 질문, 본문 대화와 질문, 어휘, 문법, 과제의 순서로 구성되어 있다.

- 학습 목표에는 학습자들이 학습해야 할 의사소통적 과제와 어휘, 문법을 제시하였다.

- 사진과 질문은 1단계 도입으로 학습자를 본문 대화의 상황으로 자연스럽게 끌어들일 수 있도록 본문 대화의 상황을 쉽게 연상시킬 수 있는 사진과 함께 관련 질문을 제시하였다.

- 시각 자료와 질문은 강화된 도입 단계로 학습자가 주제에 대한 흥미와 호기심을 가질 수 있도록 그래프, 기사 제목, 사진이나 그림 등의 다양한 시각 자료와 함께 질문을 제시하였다.

- 본문 대화는 각 과의 주제와 관련된 가장 전형적이고 대표적인 대화 상황으로 설정하여 3~4개의 대화 쌍으로 구성하였으며 내용 이해 질문과 대화의 내용과 관련된 말하기 짝활동을 포함시켰다. 본문에 나오는 새 어휘는 대화 아래에 따로 제시하였다.

- 어휘는 각 과의 주제와 관련된 어휘 목록을 선정하여 그 의미나 쓰임새에 따라 범주화하여 제시하였고 담화 맥락 속에서 연습이 이루어지도록 하였으며 연습한 어휘를 학습자가 직접 사용해 볼 수 있게 하는 활동을 포함시켰다.

- 문법은 각 과에서 다루어야 할 핵심 문법 항목을 각 항마다 2개씩 추출하여 담화 맥락 속에서 2개의 문법이 유기적으로 연결되어 나타나는 모범 예시문을 통해 제시하였다. 두 개의 문법을 각각 연습한 후에는 두 문법을 연결하여 담화 차원의 생산을 할 수 있도록 하는 활동을 포함시켰다.

- 과제는 학습 목표에서 제시한 의사소통 기능에 부합되는 것으로 각 항마다 2개를 제시하였으며 주제 관련 통합 과제로 구성하였다.

- 각 과의 마지막 부분에는 문화와 문법 설명을 제시하였다.

- 문화는 각 과의 주제와 관련된 한국 문화를 선정하여 정보나 지식을 설명하는 방식으로 기술하였다. 아울러 학습자로 하여금 자국의 문화와 비교, 분석해 보게 하는 등 비교문화적인 관점을 바탕으로 언어 학습 활동과 연계하도록 구성하여 그 내용이 문화적 지식에 그치지 않고 한국어 능력과 통합적으로 학습될 수 있도록 하였다.

- 문법 설명은 각 과에서 다루는 문법에 대한 설명과 함께 각각 4개의 예문을 제시하였다.

- 색인에서는 각 과에서 다룬 문법과 어휘를 가나다 순으로 정리하였으며 해당 본문의 과와 항을 함께 제시하였다.

차례

6-1

6-2

내용 구성

	제목	소제목	과제	어휘	문법	문화
01	성공적인 삶	성공한 인물	존경하는 인물 소개하기	성공	-느니	한국 화폐 속의 인물
			인터뷰하기(질문하기)		-을지라도	
		성공에 대한 가치관	성공에 대한 가치관 알아보기	가치관	-는다거나	
			인터뷰하기(대답하기)		-는 데	
02	더불어 사는 사회	지역이기주의의 극복	지역이기주의 현상에 대해서 알아보기	지역이기주의	-어 주십사 하고	한국의 기부 문화
			신문기사 요약하여 발표 하기		-었던들	
		기업이윤의 사회 환원	기업의 사회봉사 활동에 대해서 의견 나누기	기업의 공헌	-으면 몰라도	
			신문기사 작성하기		-겠거니 하고	
03	남성과 여성	남성과 여성의 변화	한국의 전통 여성상과 현대 여성상 비교하기	여성	-은 채	한국의 남성과 여성의 덕목
			토론 시작하기		-으리라는	
		바람직한 성역할	바람직한 성역할에 대해서 알아보기	성역할	아무리 -기로서니	
			상대방의 주장에 대해서 동의 또는 반박하기		-은끝에	
04	바른 선택	선거와 투표	선거와 투표에 대해서 알아보기	선거	-는다 뿐이지	한국의 정치 제도
			설득하기		-을 법하다	
		분단의 극복	남북통일에 대해서 의견 나누기	통일 정책	-는 가운데	
			토론하기(사회자의 역할)		-을 테지만	
05	스포츠	스포츠 과학	스포츠 과학의 발전 모습에 대해서 의견 나누기	스포츠 과학과 효과	-는 셈치고	한국의 무술 '택견'
			조사해서 발표하기		-으련만	
		스포츠 정신	바람직한 스포츠 정신에 대해서 의견 나누기	스포츠 정신	-는 탓에	
			조사해서 발표하기		이라도 -을라치면	

<table>
<tr><th></th><th>제목</th><th>소제목</th><th>과제</th><th>어휘</th><th>문법</th><th>문화</th></tr>
<tr><td rowspan="4">06</td><td rowspan="4">가까워지는 세계</td><td rowspan="2">한국 속의 외국인</td><td>한국 생활의 어려움에 대해서 의견 나누기</td><td rowspan="2">고민과 조언</td><td>-는다는 듯이</td><td rowspan="4">외국인을 위한 배려</td></tr>
<tr><td>통계자료 분석하기</td><td>-건만</td></tr>
<tr><td rowspan="2">경제의 세계화</td><td>경제적 측면의 세계화와 그 장단점에 대해서 의견 나누기</td><td rowspan="2">자유 무역</td><td>-는답시고</td></tr>
<tr><td>논박하는 글쓰기</td><td>-는 날엔</td></tr>
<tr><td rowspan="4">07</td><td rowspan="4">소중한 문화 유산</td><td rowspan="2">한국의 문화유산</td><td>한국의 문화유산에 대해서 알아보기</td><td rowspan="2">문화유산</td><td>-은 이상</td><td rowspan="4">한국의 문화재 보호</td></tr>
<tr><td>논리적인 글쓰기
(서론쓰기)</td><td>-는다는 점에서</td></tr>
<tr><td rowspan="2">세계의 문화유산</td><td>세계의 문화유산에 대해서 알아보기</td><td rowspan="2">문화재 훼손과 보호</td><td>-는 반면</td></tr>
<tr><td>논리적인 글쓰기
(본론쓰기①)</td><td>으로 말미암아</td></tr>
<tr><td rowspan="4">08</td><td rowspan="4">한국인의 생활</td><td rowspan="2">한국인의 집</td><td>한국의 전통주거문화에 대해서 알아보기</td><td rowspan="2">주거</td><td>-다 못해</td><td rowspan="4">한국인의 종교</td></tr>
<tr><td>논리적인 글쓰기
(본론쓰기②)</td><td>-기에 망정이지</td></tr>
<tr><td rowspan="2">한국인의 사상</td><td>한국의 사상에 대해서 알아보기</td><td rowspan="2">한국의 사상과 효</td><td>-는 둥 마는 둥 하다</td></tr>
<tr><td>논리적인 글쓰기
(결론쓰기)</td><td>-던 차이다</td></tr>
<tr><td rowspan="4">09</td><td rowspan="4">미래 사회</td><td rowspan="2">자동화 사회</td><td>자동화된 사회에 대해서 전망하기</td><td rowspan="2">자동화</td><td>-기 나름이다</td><td rowspan="4">지난 20년간 사라진 것</td></tr>
<tr><td>정보 전달하기</td><td>-는다손 치더라도</td></tr>
<tr><td rowspan="2">미래형 인간</td><td>미래 사회에 대해서 의견 나누기</td><td rowspan="2">미래형 인간</td><td>-는 한이 있더라도</td></tr>
<tr><td>예측하기</td><td>은 고사하고</td></tr>
<tr><td rowspan="4">10</td><td rowspan="4">진로와 취업</td><td rowspan="2">진로 상담</td><td>진로에 대해서 조언하기</td><td rowspan="2">진로</td><td>-으려고 들다</td><td rowspan="4">조선시대의 신분 제도</td></tr>
<tr><td>상담하기</td><td>-노라면</td></tr>
<tr><td rowspan="2">취업 면접</td><td>면접시험에서 질문에 대답하기</td><td rowspan="2">면접</td><td>-은 바</td></tr>
<tr><td>자기 소개서 쓰기</td><td>-을 바에야</td></tr>
</table>

제6과 가까워지는 세계

01

제목 | 한국 속의 외국인
과제 | 한국생활의 어려움에 대한 의견 나누기
통계자료 분석하기
어휘 | 고민과 조언
문법 | -는다는 듯이, -건만

02

제목 | 경제의 세계화
과제 | 경제적 측면의 세계화와 그 장단점에 대해서 의견 나누기
논박하는 글쓰기
어휘 | 자유 무역
문법 | -는답시고, -는 날엔

03

정리해 봅시다

- 문화
외국인을 위한 배려

01 한국 속의 외국인

학습 목표 ● 과제 한국생활의 어려움에 대해서 의견 나누기, 통계자료 분석하기
● 문법 -는다는 듯이, -건만 ● 어휘 고민과 조언

위 사진의 외국인들은 무엇을 하고 있습니까?
여러분이 체험한 한국문화에 대해 이야기해 보십시오. 여러분은 어떤 한국문화를 체험해 보고 싶습니까?

다음은 국내 체류 외국인의 국적별 · 연도별 증감 추이에 대한 표입니다.

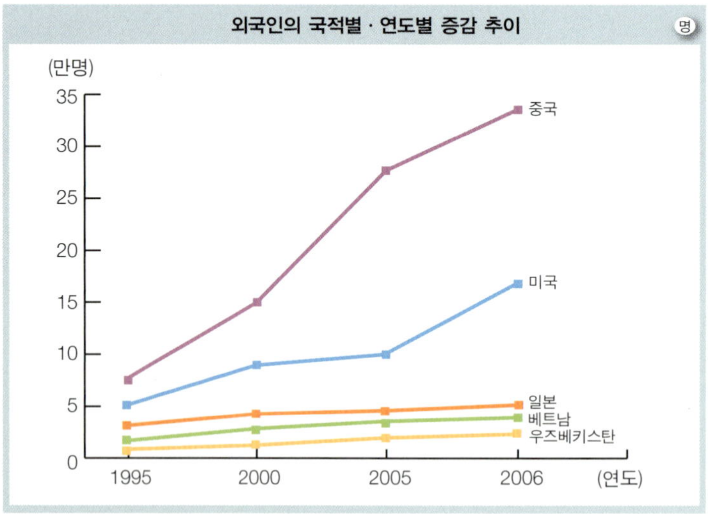

1) 국내 체류 외국인의 국적별 · 연도별 증감 추이에 대해서 이야기해 보십시오.

2) 여러분 나라에는 얼마나 많은 외국인이 체류하고 있습니까? 여러분 나라의 외국인 체류 실태에 대해 이야기해 보십시오.

대화

CD2:01~02

친구 이봐, 알렉스, 오늘은 또 무슨 일이 있길래 얼굴이 그 모양이야? 지하철을 거꾸로 타기라도 한 거야?

알렉스 말도 마세요. 길에서 사람들이 외국사람 처음 본다는 듯이 힐끔거리는데 마치 제가 동물원 원숭이가 된 기분이었어요.

친구 하하하, 뭘 그 정도 가지고 그래. 내가 처음 한국에 왔을 때는 아이들이 날보고 울음을 터뜨리기까지 한걸.

알렉스 그랬군요... 사실, 이런 일이 생길 때마다 매번 불쾌하다는 내색을 하건만 사람들은 전혀 신경 쓰지 않는 눈치예요.

친구 그래, 한국 사람이나 한국 사회가 여러 면에서 좀 배타적인 건 사실이야. 하지만 최근엔 외국인에 대한 사회적 배려도 크게 늘었고 또 제도의 개선이나 외국인과 관련된 법 개정이 꽤 활발한 걸로 알고 있어.

알렉스 하지만 사회적 배려나 법 개정 같은 변화는 그저 표면적인 변화에 불과한 것 같아요. 진정한 변화는 한국사람 한 사람 한 사람의 의식의 변화에서 오는 거 아닌가요?

친구 내가 보기에는 한국은 이미 다민족, 다문화 사회로 접어들었어. 그러니까 의식의 변화는 필연적인 거지. 혹시 알아? 그렇게 되면 오히려 한국사람들의 관심어린 시선이 그리워질지도...

알렉스 설마요. 어쨌거나 이렇게 얘기를 나누고 보니 답답한 마음이 좀 풀리는군요. 정말이지 요 며칠 동안은 당장 내 나라로 돌아가고 싶은 심정이었어요.

01 '알렉스'가 말하는 한국 생활에서의 어려움은 무엇입니까?

❶ 복잡한 지하철 타기 ❷ 한국 사람들의 시선
❸ 한국 사회의 배타성 ❹ 표면적인 제도의 개선

02 한국 사회에 대한 '친구'의 생각은 어떻습니까?

힐끔거리다 내색을 하다 배타적이다 개정 표면적이다 불과하다 다민족 다문화 사회 접어들다 필연적이다 관심어리다 심정

03 여러분은 어떤 경우에 한국에서 살기가 힘들다고 느낍니까? 이야기해 보십시오.

[보기] 한국 사람들은 다른 사람한테 좀 지나칠 만큼 관심이 많은 것 같아요. 물론 관심을 가져 주는 건 고맙지만 가끔은 귀찮을 때가 있어요. 좀 참견이 심하다고 할까요. 가끔은 그냥 내버려 둬 주는 것도 상대방에 대한 배려인데... 사생활은 물론 심지어 옷차림까지 간섭을 받을 때는 짜증이 나기까지 해요.

어휘 고민과 조언

01 다음 표현들을 익히고 질문에 대답하십시오.

(가)	(나)
고민	고민이 생기다, 고민을 털어놓다, 고민을 해결하다, 고민에 고민을 거듭하다
고충	고충이 따르다, 고충을 털어놓다
갈등	갈등의 골이 깊다, 갈등이 심화되다, 갈등을 해소하다, 갈등을 빚다
마찰	마찰이 심하다, 마찰을 겪다, 마찰을 일으키다
조언	조언을 아끼지 않다, 조언을 구하다, 조언을 따르다
충고	충고를 따르다, 충고를 받아들이다
화해	화해를 청하다, 화해시키다

1) □□ 에 사용할 수 있는 표현을 (가)에서 찾아 쓰십시오.

❶ 부모님에게도 털어놓지 못할 □□ 이/가 생겼다.

❷ 이혼의 위기를 겪던 부부가 대화를 통해 □□ 을/를 해소했다.

❸ 양국 간에 무역으로 인한 □□ 이/가 점점 커지고 있다.

❹ 나는 두 사람을 □□ 시키기 위해 가능한 모든 노력을 기울였다.

❺ 그 분은 언제나 내게 □□ 을/를 아끼지 않으시는 내 인생의 스승이시다.

❻ 입에 쓴 약이 몸에 좋다고 지금 당장은 듣기 싫더라도 친구의 □□를 받아들이는 게 좋을 듯싶다.

❼ 유명인이 되면 사생활을 포기해야 하는 □□ 이/가 따른다.

2) (　　)에 알맞은 표현을 (나)에서 찾아 쓰십시오.

사람들은 누구나 항상 사소한 일에서 갈등을 (　　　　　). 이 대리와의 갈등도 아주 작은 일에서 시작되었다. 담배를 피우지 않는 이 대리는 근무 중에 담배 때문에 들락날락하는 나를 몹시 못마땅해 했고 나 역시 개인적인 기호까지 참견하려 드는 이 대리가 마음에 들지 않았다. 결국 업무에서도 이 대리와 나는 여러 차례 마찰을 (　　　　　)고 윗사람들에게도 이런 사실이 알려져 나에 대한 평가는 나빠져 갔다. 나의 회사생활은 점점 더 고통스러워졌고 결국 '회사를 그만두는 게 좋지 않을까?' 밤이면 밤마다 심각하게 고민에 고민을 (　　　　　). 마침내 나는 조언을 (　　　　　)기 위해 전문가에게 회사생활의 고충을 (　　　　　). 상담 전문가는 나 자신의 건강을 위해서라도 우선 담배를 끊고 내가 먼저 이 대리에게 화해를 (　　　　　)는 것이 가장 원만한 해결책이라고 말했다. 어떻게 해야 할까? 아무래도 취직하기도 어려운 이 때 회사를 그만두는 것보다는 그의 충고를 (　　　　　)는 것이 나을 것 같다.

02 위의 표현을 이용하여 여러분이 가진 문제와 그것의 원인, 또는 해결 방법에 대해서 이야기해 보십시오.

[보기] 요즘의 제 고민거리는 한국인 여자 친구와의 갈등이에요. 문화와 사고방식의 차이로 사소한 일에도 오해와 마찰이 생기고 화해하기는 점점 더 힘들어지고... 그래서 친구에게 조언을 구했는데, 글쎄 친구는 고민하지 말고 헤어지라고 충고하데요.

문법

01 다음을 읽고 문법 및 표현을 익혀 봅시다.

어느덧 가을이다. 찬바람이 불고 낙엽이 뒹구니 고향에 있는 가족이 그립다. 하지만 언제나 부모님과 전화를 할 때엔 전혀 아무 문제도 **없다는 듯이** 씩씩하고 즐겁게 이야기한다. 그러나 전화를 끊고 나면 오히려 그리움은 더욱 커져 있다. 그토록 한국에서 공부하고 **싶어했건만** 한국생활은 왜 이렇게 외롭고 힘든 걸까...

-는다는/ㄴ다는/다는 듯이

1) 처세술 : 이럴 땐 이렇게...

[보기] 한국 친구의 농담을 이해하지 못했어도,
정말 재미있다는 듯이 큰 소리로 웃어준다.

❶ 여자 친구의 새로운 머리 스타일이 마음에 안 들어도,
..................는다는/ㄴ다는/다는 듯이 ....

❷ 어젯밤 부부 싸움을 했어도 직장에서는,
..................는다는/ㄴ다는/다는 듯이 ....

❸ 컴퓨터를 잘 못하지만 회사 면접시험에서는,
..................는다는/ㄴ다는/다는 듯이 ....

❹ 남자 친구가 하는 이야기를 전에 들은 적이 있어도,
..................는다는/ㄴ다는/다는 듯이 ....

-건만

2) 다음 표를 완성하고 문장을 만드십시오.

행동	결과
[보기] 열심히 노력하다	실력이 늘다
❶ 한국에 온 지 5년이 다 되다	
❷ 모든 일을 성실히 하다	
❸ 시킨 대로 꼬박꼬박 약을 먹다	
❹ 여러 번 전화했다	

그러나 현실은...

[보기] 열심히 노력하건만 실력이 늘지 않는다.

❶ ....

❷ ....

❸ ....

❹ ....

02 위의 두 표현을 이용하여 여러분을 좌절시켰던 경험과 그 후의 이야기를 해 보십시오.

[보기] 나는 대학시절 성적도 좋고 자격증도 몇 개 있건만 취직 시험만 보면 떨어진다. 그래서 이제는 사람들에게 취직할 생각이 없다는 듯이 말한다.

과제 1 읽고 말하기

다음을 읽고 질문에 답하십시오.

여행은 일상을 떠나서 낯선 곳에서 낯선 문화와 낯선 사람들을 만나는 신선함 때문에 즐겁다. 특히 제 나라가 아닌 다른 나라만이 줄 수 있는 이색적인 분위기는 더욱 더 여행을 짜릿하게 한다. 그래서 해외여행은 여행을 계획하고 준비하는 과정에서부터 충분히 설레고 흥분된다. 그러나 막상 공항에 내리는 그 순간부터 고생이 시작되는 경우도 비일비재하다. 말이 통하지 않아서 손짓, 발짓, 심지어 그림을 그렸다는 사람이 있는가 하면 익숙하지 않은 음식으로 여행 내내 화장실에서 살았다는 사람까지 해외여행에서의 고생담은 전집을 엮고도 남을 법하다. 그렇다면 과연 한국을 찾은 외국인 관광객들이 한국을 여행하면서 불편했던 점은 무엇일까? 2007년 한국관광공사가 외국인 관광객을 대상으로'한국여행에서의 불편사항'을 조사한 바에 따르면 전체 응답자의 60% 이상이 언어 소통에서 가장 불편함을 느낀 것으로 나타났다. 한 가지 재미있는 사실은 미국, 호주, 캐나다, 영국 사람들에 비해 오히려 중국, 태국, 말레이시아, 러시아 사람 등이 언어 소통하기가 불편했다고 응답한 점인데 이는 한국 관광 시장에 영어 이외의 언어가 소통되는 환경이 조성되면 가까운 나라로부터 보다 많은 외국인 관광객이 한국을 찾을 것이라고도 해석될 수 있다.

언어 소통에 이어 외국인들은 비싼 물가, 교통 혼잡, 난해한 교통 표지판, 입에 맞지 않는 음식 등의 순으로 불편함을 느꼈다고 대답했는데 특히 많은 외국인들이 호텔 식당처럼 비싼 식당의 메뉴판에는 있는 음식에 대한 그림이나 설명이 일반 대중식당의 메뉴판에는 없는 경우가 많아서 울며 겨자 먹기로 비싼 식당만 이용했다고 하소연하기도 했다. 또한 단체 여행시 상품 구입을 강요받아서 매우 불편했다는 응답도 전체의 10% 이상을 차지했으며 택시 기사의 불친절로 마음을 상했다는 외국인(5.6%), 공항에서의 출입국 수속이 불편했다는 외국인(3.6%), 대중교통을 이용하기 어려웠다는 외국인(3.4%)이 있었다.

그럼에도 불구하고 대부분의 관광객들은 한국에서의 여행이 즐거웠다고 응답했다. 이들은 가장 인상 깊었던 것으로 안전하고 활기가 넘치는 거리, 친절한 사람들, 독특한 문화유산, 매력적인 쇼핑지 등을 꼽았으며 다시 한번 한국에 오고 싶다는 외국인도 절반이 넘었다.

외국인으로서 낯선 나라를 여행하면서 불편을 겪지 않으리라고 예상하는 사람은 아무도 없다. 그러나 불편의 정도를 넘어서 불쾌의 수준으로까지 간다면 다시는 그 나라에 가고 싶어지지 않을 것이다. 불편한 점들을 가능한 한 해소하여 한국을 다녀간 외국인들 대부분이 여행이 즐거웠다고 말하게 된다면 한국은 지금보다 더욱 발전된 관광국으로 발돋움할 수 있으리라 생각한다.

01 외국인 관광객이 이야기한'한국여행에서의 불편사항'을 순서에 맞게 번호를 쓰십시오.

❶ 교통 혼잡 ( )

❷ 입에 맞지 않는 음식 ( )

❸ 언어 소통 (1)

❹ 택시 기사의 불친절 ( )

❺ 공항에서의 출입국 수속 ( )

❻ 난해한 교통 표지판 ( )

❼ 비싼 물가 ( )

❽ 대중교통 ( )

❾ 단체 여행시 상품 구입을 강요 받는 것 ( )

02 외국인 관광객이 이야기한, 한국여행에서 인상 깊었던 점을 모두 쓰십시오.

03 여러분은 한국을 여행하면서 불편했던 점과 인상 깊었던 점이 무엇입니까? 이야기해 보십시오.

04 여러분 나라에 온 외국인 관광객들이 불편해하는 것과 인상 깊어하는 것은 무엇입니까? 이야기해 보십시오.

과제 2 통계자료 분석하기

기능표현 익히기

- 외국인 관광객이 한국 여행시 가장 인상 깊었던 점 1위는 '친절한 사람들'인 **것으로 나타났다/드러났다.**
- 외국인 관광객들을 대상으로 한국을 여행할 때 가장 인상 깊었던 점을 묻는 조사에서 '친절한 사람들'이 1위**를 차지했다.**
- 외국인 관광객들은 한국 여행시 가장 인상 깊었던 점으로 안전하고 활기가 넘치는 거리, 친절한 사람들, 독특한 문화유산, 매력적인 쇼핑지 등**을 꼽았다.**
- 외국인 관광객이 꼽은 한국 여행시 가장 불편했던 점은 언어 소통, 비싼 물가, 교통 혼잡, 입에 맞지 않는 음식 등의 **순이었다.**
- 특히 3번 질문에 아니라고 대답한 응답자는 무려 62%**에 달했다.**
- 특히 3번 질문에 그렇다고 대답한 응답자는 겨우 16%**에 불과했다.**

01 다음은 한국관광공사가 외국인 관광객을 대상으로 조사한 인상 깊은 관광지에 대한 통계자료입니다.

〈인상 깊은 관광지(2007)〉

(가)	전체	일본	미국
1위	명동	명동	고궁
2위	고궁	남대문 시장	인사동
3위	남대문 시장	부산	이태원
4위	동대문 시장	동대문 시장	판문점
5위	부산	고궁	박물관
6위	제주도	남산 타워	남산타워
7위	남산 타워	인사동	남대문 시장
8위	인사동	제주도	인천
9위	박물관	박물관	제주도
10위	인천	경주	동대문 시장

〈자료: 한국관광공사〉

1) 위의 통계자료를 분석하여 표를 채우십시오.

조사기관	
조사시기	
조사내용	
조사대상	
특기사항	

2) 다음은 위의 통계자료를 분석하여 결과를 발표하는 글입니다. 글을 완성하십시오.

한국을 찾은 외국인 관광객들에게 가장 인상 깊은 관광지로 명동이 ______________. 한국관광공사가 2007년 한국을 찾은 외국인 관광객을 ______________ 한국 여행시 가장 인상 깊었던 관광지를 묻는 조사에서 전체 11,470명의 응답자 중 21.7%인 2,497명이 명동이었다고 대답했다. 명동에 이어 인상 깊은 관광지 아홉 곳은 고궁, 남대문 시장, 동대문 시장, 부산, 제주도, 남산 타워, 인사동, 박물관, 인천의 ______________. 한편 대답은 국적에 따라 다소 차이를 보였는데 일본 관광객들 사이에서는 명동이 인상 깊은 관광지 1위를 은/는/ㄴ 반면 미국 관광객들은 인상 깊은 관광지로 가장 많이 고궁을 ______________. 특히 종합 10위 안에는 들지 못했으나 일본인들에게는 경주가, 미국인들에게는 이태원과 판문점 등이 인상 깊은 관광지인 것으로 ______________.

02 다음 통계자료중 하나를 골라 분석, 발표해 보십시오.

〈국내 체류 외국인 유학생 현황(단위: 명)〉 〈자료: 법무부〉

연도별					
	2006년	41,638			
	2007년	61,029	국적별	중국	47,677
				베트남	2,764
				몽골	1,939
				일본	1,602
				미국	1,073
			성별	남자	32,086
				여자	28,943

조사기관	
조사시기	
조사내용	
조사대상	
특기사항 및 해설	

〈외국인과의 결혼 호감도(2007, 단위: %)〉 〈자료: 서울시〉

	15세 이상 서울 시민 (48,000명)	연령별						혼인 상태	
		10대	20대	30대	40대	50대	60대 이상	미혼	기혼
거부감 있다	62.8	41.7	45.9	58.7	69.2	73.7	74.4	44.7	69.6
거부감 없다	37.2	58.3	54.1	41.3	30.8	26.3	25.6	55.3	30.4

조사기관	
조사시기	
조사내용	
조사대상	
특기사항 및 해설	

〈한국인의 사망 원인(2006/2007)〉 〈자료: 보건복지부〉

순위	2006년		2007년	
	사망원인	명	사망원인	명
1	암	65,909	암	67,561
2	뇌혈관질환	30,036	뇌혈관질환	29,277
3	심장질환	20,282	심장질환	21,494
4	당뇨병	11,600	고의적 자해(자살)	12,174
5	고의적 자해(자살)	10,688	당뇨병	11,272

조사기관	
조사시기	
조사내용	
조사대상	
특기사항 및 해설	

02 경제의 세계화

학습 목표 ● **과제** 경제적 측면의 세계화와 그 장단점에 대해서 의견 나누기, 논박하는 글쓰기
● **문법** -는답시고, -는 날엔 ● **어휘** 자유 무역

FTA반대 시위장면 (시애틀 컨벤션 센터 앞)

WTO 농업협상 중단 촉구 시위 (광화문 외교통상부 앞)

위의 시위 사진들은 무엇을 반대하는 장면일까요?
여러분은 수입 자유화에 대해서 어떻게 생각합니까?

이것은 여러 나라에서 생산된 부품으로 만든 자동차입니다.

1) 이 그림을 보고 알 수 있는 것은 무엇입니까?

2) 여러분이 사용하는 물건 가운데 수입품은 얼마나 됩니까?

대화

CD2:03~04

정희 시내에서 수입 개방을 반대하는 시위를 하던데 여간 격렬한 게 아니었어.

민철 그럴 만도 하지. 요즘 한창 진행 중인 자유무역 협정이 체결되는 날엔 싼 농축산물이 무제한으로 수입되잖아. 그렇게 되면 우리 농축산업 시장이 치명적인 타격을 입게 될 거야.

정희 그렇긴 하지만 관세 장벽이 뚫리면 그만큼 수출입 비용이 감소할 테고 자연히 무역량이 증가할 거야. 그러면 결과적으로 경제 활성화에 도움이 되리라고 보는데.

민철 무역업을 하는 사람들 입장에서는 환영할 만한 일이겠지.

정희 무역업을 하는 사람들뿐만 아니라 소비자의 입장에서도 가격이나 질적인 면에서 선택의 폭이 넓어지니 만족도가 높아질 거야.

민철 그렇지만 경제를 활성화시키고 소비자의 편의를 돕는답시고 조상 대대로 물려 내려온 생계의 수단을 하루아침에 잃게 될지 모르는 농민들을 모른 척할 수는 없지.

정희 그 문제의 심각성은 정부도 잘 인식하고 있는 모양이니까 기다려 봐야 할 것 같아. 다방면으로 지원정책을 강구하고 있다고 하더라고.

민철 아닌 게 아니라 개방으로 인해 피해를 입은 사람들을 위해 보호 기금을 마련하고 있다고 하더군. 모두가 수혜자가 될 수 있는 방법을 하루 빨리 찾았으면 좋겠는데...

01 두 사람은 무엇에 대해서 이야기하고 있습니까?

❶ 경제 전망 ❷ 무역 자유화 ❸ 정부의 수출 정책 ❹ 소비자 만족도

02 두 사람의 의견은 어떻게 다릅니까? 이야기해 봅시다.

	정희	민철
입장	찬성	반대
근거	• 수출입 비용 감소 • ________ • ________	• 농축산물 시장에 치명적 • ________

격렬하다 자유 무역 협정 체결되다 치명적이다 타격 관세 장벽 뚫리다 활성화 생계 다방면 강구하다 기금 수혜자

03 여러분은 누구의 의견에 동의하십니까? 보기와 같이 이야기해 보십시오.

[보기]
- 정희의 의견에 동의하는 경우:
  한국의 무역 규모는 이제 세계적인 수준으로 성장했습니다. 상당히 많은 한국 기업이 해외에 진출해 있고 한국 제품도 세계 여러 나라에서 팔리고 있습니다. 이제 한국도 무역시장을 개방해서 세계 여러 나라와 경쟁해야 하고 또한 협력해야 합니다.

- 민철의 의견에 동의하는 경우:
  한국은 원래 농업 국가입니다. 1970년 총인구 중 45%였던 농민 인구가 2000년대에 들어서 약 8%로 감소했다고 합니다. 농민은 몰락하고 농업이 위험한 상태에 이르렀다는 말입니다. 이러한 상황에서 수입농산물까지 싼 가격으로 들어온다면 농민들은 이제 농사만 지어서는 먹고 살 수 없게 될 것입니다.

어휘 자유 무역

01 다음 표현을 익히고 질문에 답하십시오.

(가)	(나)
외화	세계화 시대
국제 수지	시장 개방
흑자 / 적자	관세 철폐
환율	수입 자유화
외환위기	세계 무역 기구(WTO)
국가 경쟁력	자유 무역 협정(FTA)
다국적 기업	보호 무역

1) (가)에서 알맞은 표현을 찾아 빈 칸을 채우십시오.

❶ 외국 돈, 다시 말해서 (　　　　　)과/와 자국 화폐의 교환 비율을 (　　　　　)이라고/라고 한다. 한 나라가 국제 거래를 통해 다른 나라와 주고 받은 총액이나 차액, 즉 (　　　　　)에서 들어온 돈보다 나간 돈이 많으면 (　　　　　)이/가 되고 나간 돈보다 들어온 돈이 많으면 (　　　　　)이/가 된다.

❷ 한국은 1990년대 후반에 대외 거래에 필요한 외환이 부족하여 국제 사회로부터 돈을 빌려 써야만 했던 (   )을/를 경험한 적이 있다. 같은 경험을 반복하지 않으려면 (   )을/를 높여 기업이 세계 시장에서 성공적으로 경쟁하도록 해야 할 것이다.

❸ 한국에 진출해 있는 야후, 힐튼호텔, 맥도날드 등은 (   )이다.

2) (나)에서 알맞은 표현을 찾아 빈 칸을 채우십시오.

❶ 1995년, 전 세계 125개국이 자유로운 무역을 목적으로 만든 세계 규모의 경제 기구가 (   )이다. 이에 따라 국가 간에 개별적으로 (   )을/를 맺으면서 수입 자유화의 장벽을 제거하고자 (   )을/를 추진하고 있다.

❷ 개발도상국의 경우는 경쟁력이 약하기 때문에 무역 개방을 제한하는데 이것을 (   )주의라고 하고 관세 제도나 영화의 스크린 쿼터제가 이에 해당한다.

3) 다음에서 세계화의 사례로 볼 수 있는 것에 표시하십시오.

❶ 다른 나라의 상품을 인터넷을 통해서 살 수 있다.	✔
❷ 한국의 어느 지역에서는 전통 의상을 입고 전통적인 생활방식만을 지키려는 사람들이 모여 산다.	
❸ 위성 방송을 통하여 다른 나라의 방송을 시청할 수 있다.	
❹ 한국의 김치가 외국 시장에서 많이 팔리고 있다.	
❺ 한국 대중 가수의 노래가 동남아시아 지역에서 유행하고 있다.	

02 여러분은 자유 무역 추진에 찬성하십니까? 위 표현을 사용해 보기와 같이 이야기해 보십시오.

[보기] 국제 무역 수지에서 흑자만을 바란다면 지금 당장은 보호 무역을 선호하겠지요. 그러나 한 나라의 경제가 이제 더 이상 그 나라만의 것이 아닙니다. 그런 만큼 경제적인 사고와 행동의 범위도 국가에서 세계로 확대시켜야 한다고 봐요. 시간은 걸리겠지만 자유 무역 협정을 통해 세계시장이 하나의 시장이 될 날도 이제 멀지 않았어요.

문법

01 다음을 읽고 문법 및 표현을 익혀 봅시다.

요즘 오나가나 들리는 말이 '세계화', '국제화'이다. 일반인들은 국제화시대에 **발맞춘답시고** 자녀들의 조기교육과 해외연수에 열을 올리고 있고 정부는 무역의 세계화라고 수입 개방을 밀어붙이고 있다. 그러나 다른 나라와 경쟁할 수 있는 능력이 충분히 갖추어지지 않은 상태에서 시장이 완전히 **개방되는 날엔** 취약한 분야의 산업이 하루아침에 무너져 버리지나 않을까 심히 우려된다.

-는답시고/ㄴ답시고

1) 빈 칸을 채우고 보기와 같이 이야기해 보십시오.

의도	행위	실제 결과
[보기] 정부는 기업의 경쟁력을 높인다	튼튼한 기업들만 적극 지원했다	중소기업들을 문 닫게 했다
❶ 동생이 TV를 고친다	기계부품을 모두 분해했다	TV를 완전히 망가뜨렸다
❷ 서울시가 도로를 넓힌다	1년째 공사를 한다	통행에 불편만 준다
❸ 아들이 구직 정보를 찾는다	비싼 돈을 들여 인터넷을 연결했다	
❹ 딸이 어머니 일을 도와준다	평소에 안 하던 설거지를 했다	

[보기] 정부는 기업의 경쟁력을 높인답시고 튼튼한 기업들만 적극 지원해서 중소기업들의 문을 닫게 만들었다.

❶ ....

❷ ....

❸ ....

❹ ....

-는 날엔

2) 보기와 같이 다음 대화를 완성하십시오.

[보기] 가: 자유무역이 이루어지면 우리 같은 중소기업들도 큰 영향을 받겠지?
나: 당연하지. 부지런히 기술 개발하고 해외시장을 개척하지 않으면 도산의 위험마저 있다니까.
가: 혹시라도 회사가 도산하는 날엔 우리 가족과 우리 앞으로의 인생은 어떻게 되는 거지?

❶ 가: 요즘 다시 과소비 현상이 나타나고 있다던데 우리 경제가 괜찮을까?
나: 그러게 말이야. 이러다가 90년대 말에 겪었던 외환 위기가 재발할까 봐 겁나네 그려.
가: ______________ 이번에야말로 회복하기 어려운 게 아닐까 싶은데 말이야.

❷ 가: 우리 오늘 컴퓨터 게임하고 논 거 엄마께는 절대 비밀이야.
나: 알았어, 형. 엄마 오시면 우리는 하루 종일 컴퓨터 안 했다고 말씀드리면 되지?
가: 아이구, 바보야. 아무 말씀도 드리면 안 돼. ______________ 진짜 혼난단 말이야.

❸ 가: 빨리 뛰어가자. 막차 시간이 얼마 안 남았어.
나: 뭐? 돈도 다 써버렸는데 ______________ 잘 데도 없을 거야.
가: 그러길래 좀 일찍 나오자고 내가 몇 번이나 말했잖아.

❹ 가: 너 학교에 잘 다니고 있어?
나: 나 사실은 늦잠을 자서 결석한 날이 많아. 선생님 말씀으로는 ______________ 난 정말 졸업을 못하게 된대.
가: 그럼 이제부터는 일찍 자고 일찍 일어나야지. 내가 아침마다 깨워줄까?

02 여러분이 새해에 세운 계획에 대해서 위의 두 표현을 사용하여 이야기해 보십시오.

[보기] 오빠가 올해에야말로 꼭 담배를 끊겠답시고 집에 사 놓았던 담배들을 다 버렸는데 한 달도 안 지나서 그 유혹에 지고 말았다. 어머니께서 아시는 날엔 잔소리를 한참 들어야 할텐데….

과제 1 듣고 말하기 [CD2:05]

01 다음을 듣고 질문에 답하십시오.

1) 이 강연의 주장으로 알맞은 것을 고르십시오.

❶ 세계의 경제적 국경은 없어져야만 한다.

❷ 국산품 애용이 반드시 좋은 것은 아니다.

❸ 국산품 애용은 기업 경쟁력을 높이는 길이다.

❹ 다국적 기업의 발달로 인해 민족주의를 지킬 수 없다.

2) 국산품 애용은 시대에 따라 그 영향이 어떻게 달라졌습니까? 다음 빈 칸을 채우십시오.

경제 발전 초기	글로벌 경쟁시대
• 기업을 보호한다 •	• 생산성 향상을 저해한다 • .... • 대외경쟁력을 약화시킨다 • ....

3) 다국적 기업의 사업 전략은 어떤 것입니까?

02 다음 질문에 답하십시오.

1) 국산품 애용과 세계화에 관한 여러분의 의견을 이야기해 보십시오.

2) 다국적 기업의 긍정적인 면과 부정적인 면에 대해서 이야기해 보십시오.

과제 2 논박하는 글쓰기

기능표현 익히기

- 이 글의 국산품애용이 국가 경제를 보호**한다는 주장에 대해 반박하고자 한다.**
- **위의 주장은 다음과 같은 점에서 이론의 여지가 있다.**
- **반박의 근거는 다음과 같은** 3**가지 점이다.**
- **위의 주장에서는 첫째,** 국산품을 애용하면 기업의 경쟁력이 커지고, 그로 인해 더 많은 일자리를 창출할 수 있다고 **했다. 그러나--**
- **이와 같이 위 주장은 근거가 미약하며 각각 문제점을 안고 있다.**

다음을 읽고 질문에 답하십시오.

스크린 쿼터제 폐지를 반대하며

(가) 스크린 쿼터(screen quota)란 ㉠ .... 라고도 한다. 즉 외국영화로부터 자국영화를 보호하고 육성하는 차원에서 국산영화 상영 일수를 의무적으로 정해놓은 제도이다. 영국을 시작으로 프랑스, 이탈리아 등의 일부 국가들이 이 제도를 시행했으나 현재는 한국을 비롯하여 브라질, 파키스탄, 이탈리아 등에만 남아 있다. 처음엔 연간 6편 이상 그리고 90일 이상 한국영화 상영이 의무적이었으나 현재는 73일로 제한되었다.

비록 요즘 한국영화가 강세를 보이고 관객 천만 명을 돌파한 영화들이 나오는 성과를 거두고 있지만, 한국영화발전의 근간이 되었던 스크린 쿼터제의 폐지는 시기상조라고 할 수 있다.

(나) 첫째로 몇 년 간 호조를 보이고는 있지만, 아직 한국 영화가 튼튼히 뿌리내렸다고 보기는 어렵다. 근래 들어 소재의 다양화가 다소 이루어지고는 있지만, 새로운 소재나 실험적인 영화는 거의 대부분 고배를 마시고 있다.

둘째로, 관객 동원율을 보면 '태극기 휘날리며'와 '실미도'의 흥행 행진이 계속될 때 우리 영화의 점유율이 50%를 넘었다. 스크린 쿼터는 1년 중 40%를 한국 영화를 상영해야 한다는 의무조항이다. 현재와 같은 관객점유율이 계속된다면 이 조항은 의미가 없다. 하지만 관객점유율이 떨어질 경우에는 영화계가 몰락하지 않도록 지켜줄 수 있는 조항인 것이다.

마지막으로 지금 상황에서 스크린 쿼터제를 폐지한다면 과연 지금과 같은 상황이 계속될까? 물론 우리가 외국영화에 뒤지지 않을 좋은 영화를 만들 수 있을지도 모른다. 하지만 분명 외국 영화시장은 이만큼 성장한 한국시장을 그냥 놔두지는 않을 것이다. 해외

톱스타들이 영화 홍보 차 한국을 더 자주 방문하고, 홍보 등에도 더욱 많은 비용을 들여서 말 그대로 물량으로 밀어붙일 게 뻔하다. 특히 헐리웃 블록버스터는 당연히 그게 가능하다. 당분간 다소 손해를 보더라도 한국영화를 누르고 자국영화를 들여오기 위해 최선의 노력을 다할 것이기 때문이다.

(다) 이러한 상황에서 우리가 해야 할 일은 스크린 쿼터제를 폐지하는 것이 아니라, 스크린 쿼터제에 대해 왈가왈부하지 못할 정도로 우리 영화의 양과 질을 높이는 일일 것이다.

〈역대한국영화 흥행기록〉

1위: 〈괴물〉 1,301만 명
2위: 〈왕의 남자〉 1,230만 명
3위: 〈태극기 휘날리며〉 1,207만 명
4위: 〈실미도〉 1,108만 명
5위: 〈친구〉 818만 명

01 ㉠에 들어갈 말로 알맞은 것을 고르십시오.

❶ 국산영화 의무상영제
❷ 외국영화 상영제한제
❸ 헐리웃 블록버스터
❹ 관객동원 천만 이상의 영화

02 (가)~(다)의 내용을 요약하십시오.

(가)	•
(나)	• • •
(다)	•

03 다음의 근거를 이용하여 위 주장에 대해 논박하는 글을 써 봅시다.

논박의 근거
- 한국영화의 수준도 상당히 높다.
- 젊고 능력 있는 감독과 정열적인 배우들이 있다.
- 관객 수가 천만 명을 넘는 영화들이 등장하고 있다.
- 개방을 통해 공정하게 경쟁을 해야 할 때이다.

위 글에서는 세 가지 논거를 통해 '스크린쿼터제 폐지를 반대한다'고 주장하고 있다. 그러나 내 견해는 좀 다르다. 위 글의 세 가지 논거는 문제의 한쪽 면만 보고 있다. 다른 면에서 생각하면 또 다른 주장이 가능하다.

여기에서는 같은 문제를 다른 관점에서 봄으로써 위의 주장에 대해 반박하고자 한다.

위의 주장에서는 첫째, ... 다고/이라고 했다.

....

....

둘째, ... 다고/이라고 했다.

....

....

셋째, ... 다는/이라는 점이다.

....

....

....

....

이와 같이 위의 '스크린쿼터제 폐지 반대' 주장은 문제를 다각도에서 보지 못한 일방적인 주장이라고 할 수 있다.

03 정리해 봅시다

I. 어휘

01

힐끔거리다	회의가 들다	배타적이다	배려하다	개선하다	활발하다
표면적이다	불과하다	격렬하다	치명적이다	활성화하다	취약하다

위의 표현은 긍정적인 의미입니까? 부정적인 의미입니까? 다음의 표에 정리하고 보기와 같이 이유를 이야기해 보십시오.

긍정적인 의미	부정적인 의미
	격렬하다

[보기] 저는 '격렬하다'라는 단어를 들으면 부정적인 느낌이 들어요. 왜냐하면 저는 뭐든지 너무 지나치게 강하면 좋지 않다고 생각하거든요.

02 보기와 같이 다음의 내용 또는 상황을 가장 잘 설명하는 표현을 쓰십시오.

[보기] 그와 나는 생각하는 바가 너무나 달라서 시시때때로 부딪친다: 마찰을 일으키다

❶ 그와 나는 생각이 다르고 마음도 맞지 않아서 잘 어울리지 못하고 불화가 잦다:

❷ 후배들이 보다 효과적으로 시험을 준비하도록 도움이 되는 이야기를 해 주었다:

❸ 의견이 달라서 심하게 충돌했던 그와 서로 사과하고 잘 지내기로 했다:

❹ 이번 정상 회담 결과 양국은 내년부터 서로의 나라로부터 수입한 물품에는 세금을 부과하지 않기로 했다:

❺ 자국의 산업을 보호하기 위한 여러 가지 법규를 개정하여 외국산 물품들이 자유롭게 쏟아져 들어올 수 있도록 했다:

II. 문법

01 다음 상황을 읽고 알맞은 문법을 골라 보기와 같이 이야기해 보십시오.

–건만, –다는 듯이, –답시고, –는 날엔

[보기] 김 대리는 요즘 자꾸 실수를 하는 이 대리에게 진심으로 충고를 했지만 내가 듣기에는 말이 지나쳐서 모욕적으로까지 들렸다. 나는 순간 이 대리가 김 대리에게 주먹을 날릴지도 모른다고 생각했다. 하지만 워낙 사람이 좋은 이 대리는 아무 말도 듣지 못한 것처럼 하던 일을 계속했다. 그렇지만 또 다시 김 대리가 같은 충고를 한다면 그 때는 뭔가 큰 일이 일어날 것만 같다.

❶ 김 대리는 이 대리를 위한답시고 충고를 했지만 말이 좀 지나쳐 보였다.

❷ 내가 보기에는 주먹을 날릴 법도 하건만 이 대리는 아무 말도 듣지 못했다는 듯이 하던 일을 계속했다.

❸ 다시 한번 김 대리가 같은 충고를 하는 날엔 뭔가 큰 일이 일어날 것만 같았다.

1) 거의 도서관에서 살다시피 하는데도 사법시험에 4번이나 떨어지고 또다시 불합격 소식을 들은 나의 아들. 오늘도 변함없이 도서관에서 책과 씨름 중인 걸 보면 전혀 실망하지 않은 눈치이다. 그런 아들을 위로하고 싶어서 나는 도시락을 싸 가지고 점심시간에 아들을 찾아갔다. 그런데 이런 나의 정성을 아들은 부담스러워 하는 것 같다. 아들이 끝내 합격하지 못한다면 어떻게 될까... 마음이 아프다.

2) 학교 앞 커피숍에서 아르바이트를 하는 누나를 좋아하게 되었다. 그래서 날마다 그 집에 가서 누나를 도와주기 시작했는데 어느 날 누나는 입장이 난처하니까 제발 그만해 달라고 부탁을 했다. 사실은 누나를 좋아하고 있다고 말했지만 누나는 내 말을 농담으로 생각하는지 그저 내 어깨를 한 번 툭 치더니 가버렸다. 아, 무너지는 자존심! 하지만 나는 용기를 내서 다시한번 고백할 생각이다.

3) 그는 우리의 꿈이요 희망이었다. 우리는 그를 훌륭한 배우로 성공시키기 위해 많은 것들을 기꺼이 희생했다. 그러나 이제 조금 유명해지니까 그는 마치 우리를 모르는 사람처럼 행동하고... 언젠가 그도 자신의 잘못을 깨닫게 될 것이다. 그럼 그는 죄책감으로 몹시 괴로울 것이다.

4) 모든 일처리에 완벽한 그녀. 그럼에도 불구하고 사람들로부터 인정을 받지 못하는 건 그녀의 오만한 행동 때문이다. 그녀의 표정은 늘 나는 당신들보다 한 수 위라고 말하는 것 같다. 물론 그녀가 남보다 좀 잘난 건 사실이지만 그래도 사람을 함부로 대하는 태도는 옳지 않다. 혹시 그녀에게 뭔가 문제라도 생기면 모두들 어떤 반응을 보일까? 과연 누가 그녀를 도와주려 할까?

Ⅲ. 과제

01 다음의 통계자료를 분석, 설명하고 문제의 해결책을 제시해 보십시오. 그리고 두 사람이 짝이 되어 상대방이 제시한 해결책에 대해 반박해 보십시오.

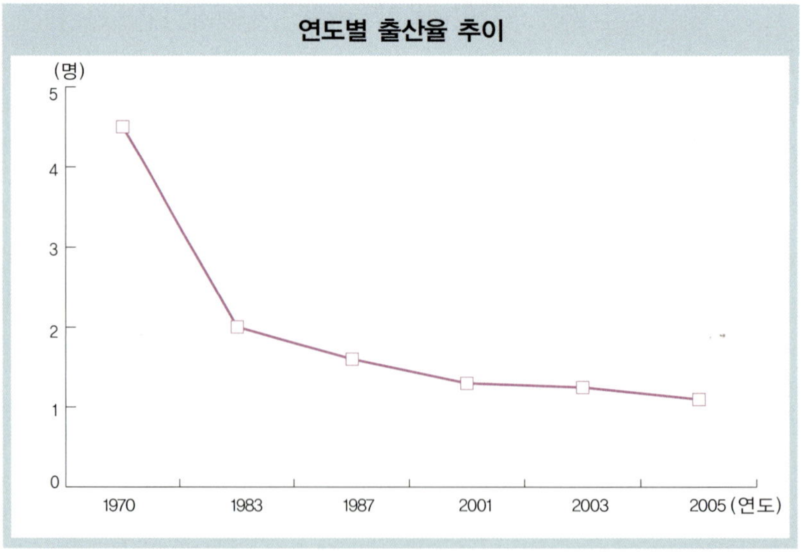

조사기관	
조사내용	
특기사항 및 해설	
해결책	
반박	

문화

외국인을 위한 배려

정부에서는 결혼이민자들의 한국생활 적응을 돕고 다문화 가정을 지원하고자 각 지역에 〈결혼이민자가족 지원센터〉(tmfc.familynet.or.kr)를 열었다. 결혼이민자가족지원센터는 공통적으로 한국어 교육을 지원하고 있다. 또한 가족 구성원들이 참여하는 교육 프로그램을 마련하여 부부가 서로의 국가에 대한 이해의 폭을 넓히며 고부간의 갈등, 자녀와의 관계 고민 등을 해결할 수 있도록 하는 가족통합 교육을 운영하고 있다. 그리고 한국의 명절 이해나 지역 탐방, 요리 등 한국 문화 이해 교육과 결혼이민자들이 국적별로 모임을 할 수 있는 자조 집단 교육, 전화나 온라인, 면접을 통한 가족 상담 등을 지원하고 있다.

또한 보건복지부는 한국생활적응에 어려움을 겪고 있는 여성 결혼이민자가 보다 수월하게 적응할 수 있도록 '행복한 한국생활 도우미'라는 생활안내책자를 배포하고 있다. 이 책은 결혼이민자들이 입국에서부터 한국생활 정착에 이르기까지 필요한 영역별 각종 시책에 대한 소개와 이용 방법, 서비스 제공기관 등을 수록했다. 합법적인 거주, 한국생활 정착, 건강한 삶, 아이 낳아 기르기, 저소득층 생활 보장, 취업관련, 한국문화 등으로 구분해, 질문에 답하는 형식(Q&A)으로 작성되어 여성결혼이민자들의 모국어인 영어, 중국어, 베트남어, 러시아어, 몽골어, 타갈로그어(필리핀)와 한국어로 제작했고 법무부의 출입국관리소, 지방자체단체 등을 통해 제공하고 있다.

지방자치단체에서도 외국인 지원 기관을 설치하여 외국인들의 생활 편의를 도모하고 있다. 서울시는 〈글로벌 센터〉(global.seoul.go.kr)를 개관하여 외국인의 서울 생활을 돕고 있다. 응급 서비스, 쓰레기 분리수거 방법과 같은 일상적인 것부터 운전면허증이나 신용카드 발급, 휴대전화 개통, 비자 입국이나 세무 상담, 각종 서류 발급, 자녀 교육, 의식주 관련 정보, 관광 안내 등 서울 생활에 필요한 모든 도움을 이곳에서 받을 수 있다. 이 외에 수원시, 하남시 등 다른 지방자치단체에서도 〈외국인 복지 센터〉를 통해 한글 교육과 법률 상담, 결혼 이민자 생활 지원 서비스 등을 제공하고 있다.

1. 정부와 지방자치단체에서 시행 중인 외국인을 위한 정책은 무엇입니까?

2. 여러분 나라에서는 외국인의 생활 지원을 위한 특별한 지원책이 있습니까?

3. 외국인의 생활 편의를 위해 개선되어야 할 점에 대해서 이야기해 봅시다.

문법 설명

01 -는다는/ㄴ다는/다는 듯이

선행문의 내용을 직접 말하지는 않지만 마치 그렇게 말하는 것처럼 후행문의 행동을 한다는 의미이다. 따라서 후행문의 행동은 충분히 선행문의 내용을 짐작할 수 있을 만한 행동이어야 한다.

- 드디어 그가 왔을 때 자존심 때문에 그를 전혀 기다리지 않았다는 듯이 모르는 척했다.
- 내가 가장 싫어하는 여자들의 부류는 세상의 모든 남자가 다 자기를 좋아한다는 듯이 행동하는 여자들이다.
- 저 두 사람은 세상에 둘도 없다는 듯이 서로를 아낀다.
- 내 어머니는 항상 큰 일이 생겨도 별 일이 아니라는 듯이 대범하게 행동하신다.

02 -건만

선행문의 내용으로 예상되는 결과와 반대되는 내용이나 상황이 후행문으로 이어질 때 쓰는 표현이다.

- 저렇게 능력이 뛰어나건만 인정을 받지 못하다니!
- 언제나 열심히 일하건만 성과가 그다지 좋지 않다.
- 벌써 여러 번 설명을 했건만 이해를 못한 눈치이다.
- 부모가 크게 신경 쓰지도 못했건만 아이들이 모두 반듯하게 자랐다.

03 -는답시고/ㄴ답시고

어떤 일을 제대로 하려고 했는데 혹은 어떤 상태를 자랑스럽게 만들려고 했는데 결과가 만족스럽게 나오지 않았음을 빈정거리며 말할 때 쓴다.

- 한 푼이라도 더 번답시고 밤낮으로 일하다가 병만 얻었다.
- 너는 요리를 한답시고 부엌을 엉망으로 만들어 놓으면 어떡하니?
- 영수는 영화감독이 된답시고 공부는 안 하고 영화만 보러 다닌다.
- 다이어트 한답시고 운동기구만 잔뜩 사 들여서 집안만 더 좁게 만들었다.

04 -는 날엔

앞 문장에서는 극단적이거나 바람직하지 못한 상황을 가정하고 그에 따른 경고의 내용이나 우려하는 결과가 뒤 문장의 내용으로 온다.

- 거짓말한 게 들통 나는 날엔 그 날로 쫓겨나고 말 거야.
- 다시 한 번 지각하는 날엔 진급할 수 없게 되니까 조심하세요.
- 네가 한 번만 더 약속을 어기는 날엔 우리 사이는 그걸로 끝이야.
- 이번 같은 지진이 또 한 번 일어나는 날엔 섬사람들이 모두 떠나 버릴 것 같아.

제7과

소중한 문화유산

01

제목 | 한국의 문화유산
과제 | 한국의 문화유산에 대해서 알아보기
논리적인 글쓰기(서론 쓰기)
어휘 | 문화유산
문법 | -은 이상, -는다는 점에서

02

제목 | 세계의 문화유산
과제 | 세계의 문화유산에 대해서 알아보기
논리적인 글쓰기(본론 쓰기 1)
어휘 | 문화재 훼손과 보호
문법 | -는 반면, 으로 말미암아

03

정리해 봅시다

- 문화
한국의 문화재 보호

01 한국의 문화유산

학습 목표 ● 과제 한국의 문화유산에 대해서 알아보기, 논리적인 글쓰기(서론 쓰기)
● 문법 -은 이상, -는다는 점에서 ● 어휘 문화유산

무령왕릉

숭례문

다보탑

위 사진에 있는 한국의 문화재를 알고 있습니까?
세계유산으로 지정된 한국의 문화유산에 대해서 이야기해 봅시다.

다음은 한국의 성인남녀 2,012명을 대상으로 한국인이 자랑스러워하는 문화유산을 조사한 결과입니다.

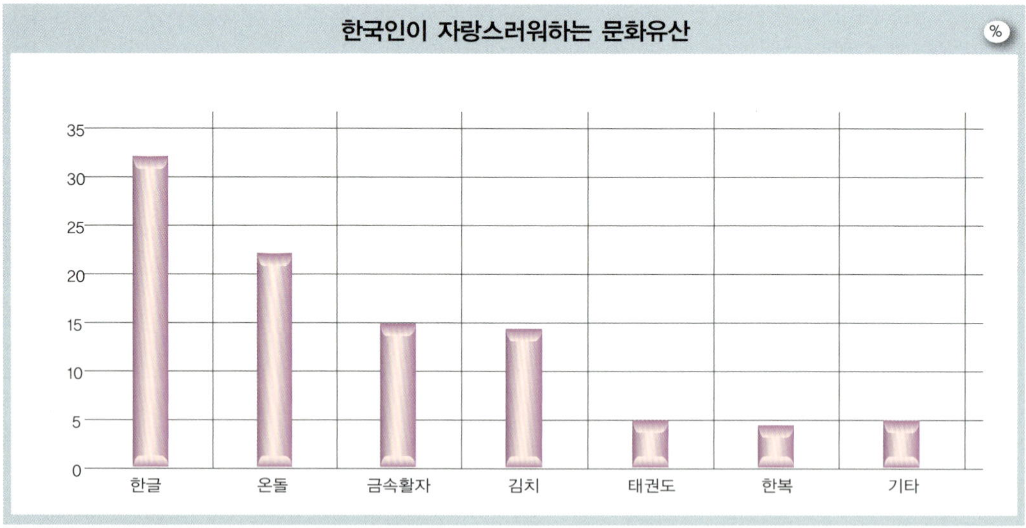

1. 이 문화유산들의 공통점은 무엇입니까?

2. 여러분 나라의 대표적인 문화유산에는 무엇이 있습니까?

대화

CD2:06~07

리에 오랜만에 야외로 나오니 가슴이 탁 트이는 것 같네요. 여기 수원 화성은 역사적으로도 큰 가치가 있는 유적지라면서요?

영수 네, 조선의 22대 왕인 정조께서 왕위에 오르지 못하고 죽임을 당한 아버지의 묘를 당시 최고의 명당인 수원의 화산으로 옮기고 근처에 새로운 도시를 건립하셨어요. 리에 씨가 한국에 대해 깊이 알고자 한국에 온 이상 이곳은 꼭 한 번 둘러 봐야 할 것 같아서 오늘 오자고 한 거예요.

리에 그랬군요. 그런데 왕께서는 왜 이런 신도시를 만드신 거예요?

영수 부모에 대한 뜨거운 효심이 제일 큰 동기였고 또 정치·경제적 측면도 있었지요.

리에 한국인의 정서상 부모에 대한 효심 때문이라는 건 좀 알겠는데 정치·경제적 측면이란 구체적으로 어떤 내용이에요?

영수 왕의 권력을 지원하는 배후도시를 건설해서 왕권을 강화하려는 정치적 의도와 남쪽에서 서울로 올라오는 길목인 이곳을 물자유통의 요지로 삼으려는 경제적 목적으로 이 도시를 세웠다는 거지요.

리에 와, 화성이 그렇게 많은 의도를 갖고 건설된 계획 도시였다는 건 몰랐네요. 그런데 이런 규모의 성곽을 쌓으려면 아주 많은 사람들이 동원됐겠는데요?

영수 이곳은 그 당시 뛰어난 학자였던 정약용을 책임자로 하고 전국의 기술자들이 대거 참여한 덕분에 매우 과학적이고 실용적인 성곽으로 세워질 수 있었다고 해요. 게다가 화성의 설계와 함께 성을 쌓는 과정 모두를 글과 그림으로 완벽하게 기록한 책을 남겨 놓았다는 점에서 역사적 가치가 큰 것으로 평가되고 있어요.

01 두 사람은 왜 이 곳에 왔습니까?

❶ 기분전환을 하려고 ❷ 역사적 가치가 있는 유적지이므로
❸ 화성을 세운 목적을 알아보려고 ❹ 최고의 명당을 보려고

02 정조는 왜 수원 화성을 만들었습니까?

03 여러분 나라에 이와 같이 특별한 목적으로 건설된 도시가 있으면 이야기해 보십시오.

트이다 명당 측면 효심 배후 길목 물자유통 동원하다 대거 성곽

어휘 문화유산

01 다음 표현을 익히고 질문에 답하십시오.

(가)	(나)
문화유산 자연유산 문화재(국보, 보물) 유적 유적지 유물	발굴 심의 선정 지정 보존

1) (가)의 표현을 이용하여 다음을 연결하십시오.

희귀하거나 멸종 위기에 처한 동식물의 서식지나 자연적인 지형 •	• 유물
한 나라의 문화유산 가운데 역사적, 예술적으로 계속 보존할 만한 가치가 있는 것 •	• 유적지
과거의 인류가 남긴 형태가 있는 제작품 •	• 문화재
남아 있는 자취라는 뜻으로 건축물이나 역사적인 사건이 벌어졌던 곳 •	• 자연유산

2) (나)에서 알맞은 표현을 찾아 빈 칸을 채우십시오.

❶ 땅 속에 묻혀 있는 것을 파낸다는 의미인 (   ) 작업을 통해 유물이나 지하자원을 찾아 낼 수 있다.

❷ 세계유산으로 (   ) 되려면 유네스코 세계유산위원회가 심사하고 의논하는 (   ) 과정을 거쳐야 한다.

❸ 각 나라는 이러한 세계유산들을 잘 보살펴서 그대로 남아 있도록 (   ) 해야 한다.

02 위의 표현들을 이용해서 한국에서 세계유산으로 지정되었으면 좋겠다고 생각하는 것에 대해 이야기해 봅시다.

[보기] 저는 지난 주말에 경상남도 고성군에서 열린 공룡축제에 갔다 왔어요. 그곳은 약 2천여 개의 공룡 발자국이 발견된 세계적으로 유명한 공룡유적지래요. 바닷가에서 화석이 된 수많은 발자국을 보니 마치 제가 타임머신을 타고 공룡이 살았던 몇 억 년 전으로 돌아간 것 같은 착각이 들더요. 이런 경험을 해 볼 수 있는 곳이 얼마나 있겠어요? 그래서 저는 그곳이 세계유산으로 지정되었으면 좋겠어요.

문법

01 다음을 읽고 문법 및 표현을 익혀 봅시다.

나는 지난 주말을 이용해서 창덕궁을 구경했다. 1405년에 지어진 이 궁은 조선의 궁궐 중에서 그 원형이 거의 그대로 남아 있고 자연과 건물의 조화로운 배치가 **탁월하다는 점에서** 1997년에 유네스코 세계문화유산으로 지정되었다고 한다. 아름다운 그곳을 둘러보면서 창덕궁이 세계문화유산으로 **지정된 이상** 모두가 힘을 모아 더욱 더 소중하게 가꾸도록 노력해야겠다고 생각했다.

-은/ㄴ 이상

1) 다음 표를 완성하고 보기와 같이 이야기해 보십시오.

[보기] 네가 잘못하지 않았다	사과할 필요는 없다
❶ 담배를 끊기로 마음 먹었다	앞으로 다시 담배 피우는 날은 없겠지
❷ 그 친구를 도와 주기로 약속했다	
❸ 그렇게 하기로 결정이 났다	
❹ 죄를 지었다	

[보기] 네가 잘못하지 않은 이상 사과할 필요는 없다

-는다는/ㄴ다는/-다는 점에서

2) 다음을 연결하고 보기와 같이 이야기해 보십시오.

인간은 생각하고 말할 수 있다 •	• 부담스럽기도 했다
승진을 해서 기뻤지만 책임이 늘었다 •	• 다른 동물과 구별된다
이번 여행은 고생스러웠지만 그 나라의 풍습을 많이 알게 되었다 •	• 칭찬 받을 만합니다
한글은 독창적이고 과학적인 문자 체계를 갖추고 있다 •	• 매우 유익했다
김 과장은 이 일에 끝까지 최선을 다했다 •	• 우수성을 인정받고 있다

[보기] 인간은 생각하고 말할 수 있다는 점에서 다른 동물과 구별된다.

02 빈 칸을 채우고 '-다는 점에서'를 사용하여 보기와 같이 이야기해 보십시오.

	공통점	차이점
[보기] 나와 내 친구	외향적인 성격	수면 습관
남자와 늑대		
여자와 여우		
개와 고양이		
한국어학당 5급과 6급		
한국말과 여러분 나라 말		

[보기] 나와 내 친구 민수는 성격이 외향적이라는 점에서는 같지만 나는 늦게 자고 늦게 일어나는 올빼미형 인간인데 비해 민수는 일찍 자고 일찍 일어나는 아침형 인간이라는 점에서 많이 다르다.

과제 1 듣고 말하기 [CD2:08]

듣고 질문에 답하십시오.

01 조선시대 궁궐의 돌다리에는 왜 동물을 새겨 놓았습니까?

02 부용지의 모양을 설명해 보십시오.

03 다음을 연결하고 각각의 특징을 설명하십시오.

 • • 돈화문 :

 • • 금천교 :

 • • 인정전 :

 • • 부용지 :

04 여러분이 알고 있는 궁에 대해 이야기해 보십시오.

과제 2 논리적인 글쓰기(서론 쓰기)

기능표현 익히기

〈연구 주제 밝히기〉

- 이 글에서는 영어공용화에 대해 다루**어 보고자 한다.**
- 요즘 영어를 공용화하자는 주장이 많이 제기되고 있으므로 이 문제**에 관해 다루기로 한다.**

〈의의 제시하기〉

- 한국 사회에서 영어공용화를 하느냐 마느냐가 중요한 문제가 될 것으로 **판단된다.**

〈정의하기〉

- 영어공용화**란** 공식적으로 영어를 국어와 동등한 위치에 놓는 **것을 말한다.**

01 다음은 논술문 작성에 관한 글입니다. 읽고 질문에 답하십시오.

글을 논리적으로 잘 쓰려면 어떻게 하는 것이 좋을까? 이를 위해서는 첫째, 논술 대상에 대해 구체적이고 정확한 이해를 해야 하고, 주제에 대한 철저한 조사를 통해 자료를 충분히 모으고 배경 지식을 쌓아야 한다. 둘째, 반드시 개요를 짜야 한다. 개요는 건물의 설계도와 같은 역할을 하기 때문이다. 셋째, 논점을 일관되게 유지하면서 논거를 적합하게 제시해야 한다. 넷째, 다양한 어휘를 정확하게 사용해야 하며 정확성과 효율성을 지닌 문장을 써야 한다. 다섯째, 각 문단은 서로 논리적으로 연결되어서 내용상 모순이 없어야 하며 긴밀한 관계를 가지고 있어야 한다.

이러한 글은 논술문이라 불리는데 보통 서론, 본론, 결론의 형식으로 이루어져 있다.

서론에는 일반적으로 글을 시작하는 간략한 도입 부분이 포함되어야겠지만 가장 중요한 것은 바로 문제 제기의 역할을 하는 것이다. 이를 위해서는 '무엇에 관해 글을 쓰고자 하는가', '왜 그것을 쓰고자 하는가', '어떤 방식으로 접근할 것인가'가 잘 드러나야 한다.

본론은 논의를 전개하는 핵심 부분이므로 자신의 주장과 주장을 내세운 근거를 논리적이고 설득력 있게 제시해야 한다. 또한 각 문단의 연결에 논리적인 비약이 없도록 전체를 짜임새 있게 구성해야 한다. 찬반 논의형 논술문에서는 상대 주장의 비판도 철저하고 꼼꼼하게 검토해야 한다.

결론은 글 전체를 마무리하는 단계이지만 단순한 마무리 차원을 넘어 글 전체의 인상을 좌우할 수도 있으므로 피상적이고 막연한 내용은 피하고 구체적인 방향으로 나아가야 한다. 결론에서 대책을 제시할 경우 그 목표를 이룰 수 있는 구체적인 수단과 방법까지 제시해야 한다.

1) 논술문을 잘 쓰기 위해 가장 먼저 해야 할 일은 무엇입니까?

2) 서론의 제일 큰 역할은 무엇입니까?

3) 서론 부분에서 반드시 작성해야 할 세 가지는 무엇입니까?

4) 본론에서 꼭 해야 할 것은 무엇입니까?

5) 결론에서 피해야 할 것은 무엇입니까?

02 다음은 한국의 문화재인 안동하회마을이 세계유산으로 지정되기를 희망하는 글의 서론입니다. 읽고 빈 칸을 채우십시오.

하회마을은 한국에서 가장 유서 깊은 전통마을이다. 오래 된 기와집과 초가집이 옛 모습 그대로 남아 있기 때문이다. 또한 이곳에서는 해마다 10월이면 축제가 열려 한국의 전통 가면극, 길놀이, 마당극 등의 다양한 민속 공연들을 선보인다. 그래서 이 마을 전체가 조선 전기 이후의 전통 가옥촌 보존과 전통문화의 계승 발전이라는 차원에서 중요민속자료 제 122호로 지정되었다. 이렇듯 옛 모습을 고스란히 간직하고 있고 전통 문화 보존에 힘쓰고 있는 이 마을이 세계문화유산으로 지정된다면 국민들과 정부의 관심이 늘게 되고 그 만큼 보존하기가 쉬워질 것이다. 그러므로 이 글에서는 앞서 이야기한 하회마을의 특징과 장점들을 더 자세히 살펴보고 하회마을이 세계문화유산으로 지정되어야 할 필요성에 관해 다루고자 한다.

1) 다음의 표를 이용하여 위 글의 개요를 정리해 보십시오.

주제	안동 하회마을은 세계문화유산으로 지정되어야 한다.
무엇에 관한 글인가 (논술대상)	
왜 그것을 쓰려고 하는가 (연구목적)	
어떤 방식으로 접근할 것인가 (연구방법)	

2) 여러분 나라의 문화재 중에서 세계문화유산으로 등록되었으면 좋겠다고 생각하는 것을 고르고 서론의 개요를 만들어 보십시오.

주제	
무엇에 관한 글인가 (논술대상)	
왜 그것을 쓰려고 하는가 (연구목적)	
어떤 방식으로 접근할 것인가 (연구방법)	

3) 위의 개요를 이용해서 서론을 써 보십시오.

02 세계의 문화유산

학습 목표 ● 과제 세계의 문화유산에 대해서 알아보기, 논리적인 글쓰기(본론 쓰기 1)
● 문법 -는 반면, 으로 말미암아 ● 어휘 문화재 훼손과 보호

중국 병마용

인도 타지마할

캄보디아 앙코르와트

위의 세계문화유산을 알고 있습니까? 여러분은 어느 곳에 가고 싶습니까?
여러분이 알고 있는 세계문화유산에 대해서 이야기해 봅시다.

문화유산	훼손 원인	현황
 중국 러산대불	석탄에 의한 대기 오염, 산성비	불상의 머리, 코, 귀 등의 색이 흑색으로 변함. 현재 공장과 화물차 운송로를 폐쇄하는 등 보호정책 추진 중임.
 아프가니스탄 잠(jam)첨탑	국가 간 전쟁과 내전	전체적으로 훼손이 심하며, 현재 보수 공사 중임.
 페루 마추픽추	관광산업과 개발	건축물의 훼손과 자연생태계 파괴가 매우 심각한 상태임.

1) 여러분은 훼손된 문화재를 직접 본 적이 있습니까? 이야기해 보십시오.
2) 여러분은 일반 관광객에게 문화유산을 개방해야 한다고 생각합니까? 통제해야 한다고 생각합니까?

대화

CD2:09~10

영수 민수야, 우리가 배낭여행 가서 찍은 사진 나왔다. 네 말대로 앙코르와트에 갔다 오길 잘한 것 같아. 여기 이 밀림 속의 사원이며 호수가 아주 장관이야.

민수 난 그렇게 큰 유적지는 난생 처음 가 봤어. 과연 세계문화유산이라 할 만하지 않니?

영수 맞아. 열대의 정글 한가운데서 그렇게 어마어마하게 큰 돌로 지어진 사원이 나타났을 때는 정말 입이 딱 벌어지더라. 웬만한 도시 규모라는 것도 놀라워.

민수 나 역시도 그 웅장한 크기에 압도당했다니까. 그런데 건물 여기저기에 부서지고 훼손된 곳이 많아서 마음이 씁쓸했어. 뒤늦게 보수 공사하는 모습들도 좀 안타까웠고.

영수 그런 귀중한 문화재들이 자연재해나 전쟁 같은 인간의 행위로 말미암아 파괴된다던데 역시 직접 보니까 그 심각성이 피부로 느껴지더라.

민수 그런데 세계유산으로 지정되는 문화재들은 점점 많아지는 반면 소실되고 황폐화된 문화재들에 대한 관심이나 복구 노력은 많이 부족한 것 같아. 오랜 세월 탓에 지반까지 점점 약해지고 있다는데 말이야.

영수 비단 세계유산뿐만이 아니라 인류의 역사가 숨 쉬는 모든 문화재들을 적극적으로 보호해야 할 것 같아.

민수 전적으로 동감이다. 그럼 말이 나온 김에 문화보존 단체에 가입해 보는 게 어떨까? 기금 마련 행사도 하고 다양한 자원봉사 활동도 한다던데, 내친 김에 오늘 가 볼래?

01 대화의 내용과 맞는 것을 고르십시오.

❶ 민수는 문화재 보호를 주장하는 영수의 제안을 반대한다.
❷ 두 사람이 다녀 온 세계유산은 보존이 잘 되어있는 편이다
❸ 최근 훼손된 문화재에 대한 관심이 많아지고 있어 다행이다.
❹ 여행 당시 앙코르와트에서는 보수공사가 진행되고 있었다.

02 대화에서 세계문화유산을 훼손시키는 원인이 무엇이라고 합니까?

밀림 사원 장관 어마어마하다 압도당하다 씁쓸하다 소실되다 황폐화되다 지반 전적으로 동감 내친 김에

01 여러분이 가 본 적이 있는 문화유산에 대해서 이야기해 보십시오.

저는 작년 여름에 인도를 여행했는데요, 많은 관광명소 중에서 '타지마할'이 가장 인상적이었어요. '타지마할'은 왕이 사랑하는 왕비인 '마할'의 죽음을 애도하기 위해 거액을 들여 22년 동안 지은 어마어마한 궁전 형태의 묘지인데 아름다운 건축 양식은 물론 손으로 직접 만든 대리석의 무늬들을 보면 감탄이 절로 나와요.

어휘 문화재 훼손과 보호

01 다음 표현을 익히고 질문에 답하십시오.

(가)	(나)
자연재해	훼손되다
산성비	소실되다
지구온난화	도굴하다
지반 약화	복구하다
전쟁	복원하다
관광산업	보수공사를 하다

1) (가)에서 알맞은 표현을 찾아 빈 칸을 채우십시오.

❶ 세계문화유산으로 지정된 많은 석조 건물이나 문화재 등이 (　　　　)에 의해 녹거나 부식되어 그 훼손이 심각하다고 한다.

❷ 일본 오키나와에 있는 수리성은 태평양 (　　　　)으로/로 성 전체가 완전히 소실되었었지만 전후 47년 만에 복원되어 2000년에 세계문화유산으로 지정되었다.

❸ 몰디브는 국토의 80%가 해발 1m에 불과하며, (　　　　)으로/로 해수면이 높아지고 있어 언젠가는 나라 전체가 가라앉을지 모른다는 전망이 지배적이다.

❹ '물의 도시'라 불리는 이탈리아 베네치아는 해수면 상승뿐만 아니라 본래 모래로 이루어진 땅에 세워졌기 때문에 (　　　　)으로/로 물속으로 가라앉고 있어 대책이 시급하다.

2) 다음 설명에 맞는 표현을 (나)에서 찾아 쓰십시오.

❶ 광물이나 옛 무덤 속의 유물을 불법적으로 몰래 파내다 (　　　　)

❷ 사라져서 없어지거나 잃어버리거나 불에 타서 없어지다 (　　　　)

❸ 손상을 입은 것을 원래의 상태나 모양으로 돌아가게 하다 (　　　　)

❹ 체면, 명예 등이 손상되거나 어떤 것이 망가지고 못 쓰게 되다 (　　　　)

02 위의 표현을 사용하여 여러분이 알고 있는 훼손된 문화유산에 대해 이야기해 봅시다.

[보기] 저는 작년에 미얀마에 갔다 왔는데요, 천 년 전 미얀마의 수도였던 '바간'이라는 곳이 인상적이었어요. 세계 3대 불교 유적지 중의 하나인 '바간'은 1975년의 대지진으로 4,446개의 탑 중 2,000여 개나 파괴되었는데, 지금 계속 발굴과 복원 사업이 진행 중이라고 해요. 저녁노을이 질 무렵 황금빛으로 물드는 탑의 모습을 보면 천 년의 시공을 뛰어넘는 감동이 느껴지고요, 도시 전체가 인류의 소중한 유산이라고 생각해요.

문법

01 다음을 읽고 문법 및 표현을 익혀 봅시다.

나는 다음 달에 남아메리카에 있는 '에콰도르'로 그동안 별러 오던 배낭여행을 떠난다. 에콰도르는 과거에 국경을 둘러싼 갈등을 비롯해 복잡한 투쟁 역사를 거쳐 **온 반면**, 현재는 남미에서 가장 평화롭고 안전한 나라 중의 하나로 손꼽힌다. 여행은 1979년에 세계유산으로 지정된 에콰도르의 수도 키토에서 시작할 예정이다. 키토는 고대 잉카제국의 문명이 꽃핀 도시이다. 비록 에스파냐인의 침입**으로 말미암아** 16세기에 잉카는 멸망하였으나 발굴된 유적지와 남아 있는 도시들에는 인류 역사의 신비가 잠들어 있다고 한다. 생각만 해도 가슴이 설레는 요즘이다.

-는/은/ㄴ/인 반면

1) 다음을 연결하고 보기와 같이 이야기해 보십시오.

문화재의 훼손이 심각하다 •	• 바람은 오히려 거세지다
그 사람은 말은 빠르다 •	• 보람이 있다
빗줄기는 조금 약해지다 •	• 관리와 보호 정책은 미비하다
우리 팀은 개인기를 바탕으로 하다 •	• 상대팀은 조직력의 축구를 하다
봉사활동은 힘이 들다 •	• 동작은 느리다

[보기] 문화재의 훼손이 심각한 반면 관리와 보호 정책은 미비합니다.

-으로/로 말미암아

2) 다음 표를 완성하고 보기와 같이 이야기해 보십시오.

원인	결과
전쟁	문화유산 여기저기가 훼손되었다.
여론 악화	김영수는 이번 국회의원 선거에서 떨어졌다.
부상	
폭우	
음주운전	

[보기] 전쟁으로 말미암아 문화유산 여기저기가 훼손되었다.

02 위의 두 표현을 사용하여 여러분의 여행 경험에 대하여 이야기해 보십시오.

[보기] 저는 지난 여름에 유럽여행을 다녀왔는데, 여름에는 오후 10시는 돼야 해가 지기 때문에 하루를 길게 사용할 수 있는 장점도 있었던 반면, 많은 관광객들로 말미암아 유명 박물관이나 미술관 입장 시 오랫동안 줄을 서야 하고 기차나 숙소에 자리가 없어 좀 곤란하기도 했었어요. 여름에 유럽 여행을 할 때는 미리 기차나 숙소 예약을 확실히 하는 것이 좋겠다고 생각했어요.

과제 1 읽고 말하기

다음을 읽고 질문에 답하십시오.

사설-한번 세계문화유산은 영원한 세계문화유산?

종묘는 한국의 세계적인 문화유산이다. 하지만 최근 종묘에 가 본 사람들이 있다면 나와 같은 생각을 하게 되었으리라 짐작한다. 주변 환경을 제대로 관리하지 못하면 자칫 세계문화유산 등록이 취소될 수도 있다는데 이 아찔함을 우리 모두가 함께 인식해야 하지 않을까?

한국 최초의 세계문화유산 종묘. 종묘는 조선시대 역대 왕과 왕비의 신주를 모신 곳으로 1995년 불국사의 석굴암, 해인사의 팔만대장경 경판과 함께 유네스코 세계문화유산으로 지정되었다. 그런데 세계문화유산 지정 10여 년이 지난 종묘의 현재 모습은 어떨까?

종묘와 연결된 종묘광장에는 세계문화유산이 취소위기에 있다며 불법행위를 자제해 달라는 문구가 곳곳에 붙어 있다. 종묘 입구인 종묘광장은 불법 이동식 노래방의 소음과 무차별적인 주류 판매, 불법 집회 등이 판을 치고 있다. 이에 관리사무소는 지난 4월부터 대대적인 단속을 벌였지만 아직도 여기저기 나뒹구는 쓰레기와 불법행위가 사라지지 않고 있다.

그렇다면 한번 지정된 문화유산의 취소는 가능할까? 유네스코 한국위원회에 따르면 문화유산 등록 취소는 가능한 일이라고 말한다. 인류가 공동으로 보호해야 할 만큼 탁월한 가치가 있다고 판단되어야 하는데 그 가치를 잃어 버렸다고 판단되면 세계유산 지정을 취소하게 된다.

실제로 오만의 영양 서식지는 90%가 개발지역으로 묶이면서 자연유산의 기능을 상실해 세계문화유산 등록이 취소된 첫 사례로 남아 있다. 또, 유럽 고딕건축의 걸작으로 평가받는 독일의 쾰른 대성당이 불법 고층건축물로 인해 보존을 위협받고 있어 위험에 처한 세계유산 목록에 올랐다. 위험에 처한 세계문화유산은 이외에도 네팔의 카트만두 계곡과 고대 사막도시인 팀북투 등 32곳이 있는데 산업이나 채굴, 환경오염, 도굴, 전쟁이나 무분별한 관광 등으로 위협받고 있으며, 이란의 도시 '밤'의 고고학적 유적들도 지진으로 파괴되었다.

종묘도 지금과 같은 상태라면 언제라도 '위험에 처한 유산' 목록에 올라 취소될 수 있음을 시사해 준다. 아직까지 경고를 받거나 제재를 받진 않았지만 등록 취소의 가능성은 항상 열려있는 만큼 우리의 소중한 문화유산을 오래도록 보호할 수 있는 정화노력이 더욱 더 요구된다.

01 이 글의 중심 내용은 무엇입니까?

❶ 한국 문화재의 세계문화유산 등재를 주장하고 있다.

❷ 훼손된 세계유산을 원인별로 분석하고 대책을 제시하고 있다.

❸ 세계유산으로 등재되어 있는 문화유산의 보호를 요구하고 있다.

❹ 가치가 없어진 문화유산의 등재를 취소할 것을 제안하고 있다.

02 종묘가 세계문화유산 등록이 취소될 위기에 놓인 이유는 무엇입니까?

❶ 종묘 내부에 불법 건축물들이 세워졌기 때문에

❷ 불법 행위나 음주 행위 등의 좋지 못한 주변 환경 때문에

❸ 개발구역으로 선정돼 자연유산의 기능이 상실됐기 때문에

❹ 세계문화유산으로 지정된 지 10년이 지났기 때문에

03 이 글에 의하면 세계문화유산으로 지정된 문화재를 취소하게 되는 경우는 어떤 경우입니까?

04 위험에 처한 문화유산을 보호할 수 있는 방법에 대해서 이야기해 봅시다.

과제 2 논리적인 글쓰기(본론 쓰기 1)

기능표현 익히기

〈상술하기〉

- **다시 말하면/더 자세히/ 풀어/구체적으로 말하자면/ 즉,** 제주의 장점을 부각시켜야 한**다는 것이다.**

〈인용하기〉

- '삼다도'**라는 말이 있다.**
- 어느 작가는 '한국은 정이 흐르는 사회'**라고 말한 바가 있다.**

〈원인 제시하기〉

- 범죄**는** 개인적 또는 사회적인 하나의 원인이 아니라 복합적인 원인**에서 비롯된다.**

〈유추하기〉

- 이 사실/자료/통계 자료/설문 결과를 통하여 가정의 역할의 중요성**을 짐작할 수 있다.**
- 가정폭력범이 유년기에 폭력을 당한 경험이 있다는 사실**로 미루어 볼 때**, 유년기 때의 가정환경이 얼마나 중요한지를 알 수 있다.

다음은 한국의 문화재인 안동하회마을이 세계유산으로 지정되기를 희망하는 글의 본론입니다.

〈서론 생략〉

(가) 안동하회마을은 조선 중기인 1600년대부터 풍산 류씨들이 모여 건축하고 마을을 조성한 풍산 류씨의 집성촌이다. 혈연을 중심으로 한 집성촌은 전국 여러 곳에 형성되었으나, 오늘날에는 대부분 소멸되거나 변형되어 그 본래의 모습을 찾아보기 힘들다. 그러나 하회마을은 그 원형을 그대로 보존하고 있을 뿐만 아니라 양반의 주거문화를 대표하는 옛 건축물들이 그대로 남아있으며 빼어난 건축미를 자랑하고 있다.

(나) 하회마을은 전래의 문화유산이 잘 보존된 마을이다. 다시 말하면, 마을 전체가 중요민속자료 제122호로 지정된 마을로서 국보, 보물, 중요민속자료 등으로 지정된 여러 유산들이 잘 보존되어 있다.

(다) 세계문화유산 등록 기준에 '독특한 예술적 혹은 미적인 업적, 즉, 창조적인 걸작품을 대표할 것', '일정한 시간에 걸쳐 세계의 한 문화권 내에서 건축, 조각, 정원 및 조경디자인, 관련예술 등의 결과물에 상당한 영향력을 행사한 것'이라고 쓰여 있는데, 총 여섯 기준 중 이 두 가지 기준에 하회마을이 부합한다.

(라) 하회마을의 대명사가 된 하회탈은 사실 국내가 아니라 1954년에 해외의 학계에 먼저 발표됨으로써 그 가치를 인정받았으며 그 후 국내 학계에서 활발히 연구하여 국보로 지정된 바 있다. 하지만 이렇게 하회탈이 국내가 아니라 해외에서 먼저 인정받았다는 사실은 지금도 인정받지 못하고 있는 문화유산이 우리 주변에 있을지도 모른다는 것과 우리의 문화유산을 깊이 연구하여 그 소중함을 알아야 함을 시사하는 것이다.

(마) 우리의 역사 속에서 함께 했던 소중한 문화재들이 이미 많은 부분 소실되었다. 문화재의 소실은 재해나 오랜 세월의 흐름, 환경변화에서도 비롯되지만 문화재에 대한 의식 부족, 보호와 관리 정책의 소홀에서도 비롯된다. 인류의 소중한 유산은 마땅히 인류 모두가 지켜야 한다. 그러므로 세계문화유산의 등록 기준에도 부합하며, 이미 마을 전체가 중요민속자료인 안동하회마을을 세계문화유산으로 지정하여 세계 속의 소중한 마을로 보존해야 할 것이다.

〈결론 생략〉

01 윗글에서 다음의 기능 표현이 쓰인 단락과 문장을 찾아 빈 칸을 채우십시오.

기능	단락	문장
상술하기	〈나〉	하회마을은 전래의 문화유산이 잘 보존된 마을이다. 다시 말하면, 마을 전체가 중요 민속자료 제122호로 지정된 마을로서...
인용하기		
원인 제시하기		
유추하기	〈라〉	해외에서 먼저 인정받았다는 사실은... 우리의 문화유산을 깊이 연구하여 그 소중함을 알아야 함을 시사하는 것이다.

02 여러분 나라의 문화재 중에서 세계문화유산으로 등록되었으면 좋겠다고 생각하는 것을 고르고 다음의 기능 표현을 연습해 보십시오.

기능	문장
상술하기	
인용하기	
원인 제시하기	
유추하기	

03 위의 문장을 토대로 논술문의 본론을 써 보십시오.

03 정리해 봅시다

Ⅰ. 어휘

01 어울리는 표현을 찾아 문장을 완성하십시오.

어마어마하다	웅장하다	압도하다	씁쓸하다	동원하다
보존하다	복원하다	트이다	건립하다	

[보기] 규모가
크기가 **어마어마하다**
차이가
이번에 새로 짓는 건물은 150층으로 설계되어서 그 크기가 어마어마하다.

1) 기분이
뒷맛이 ....
마음이

....

2) 환경을
전통 문화를 ....
문화재를

....

3) 생태계를
훼손된 문화재를 ....
청계천을

....

4) 군대를
사람을 ....
물자를

....

5) 상대방을
뛰어난 연기력으로 관객을 ....
분위기를

....

02 아래의 사진의 상황을 설명할 수 있는 단어를 다음에서 골라서 쓰십시오.

훼손	보존	복원	발굴	파괴	폭파	포격
소실	도굴	복구	전쟁	보수공사	지반약화	

바그다드 박물관

경남 진주 고분

보스니아 이슬람 사원

II. 문법

다음 상황에 맞게 대화를 완성하십시오.

–은/ㄴ 이상　　–다는 점에서　　–으로/로 말미암아　　–는/은/ㄴ/인 반면

[보기] 〈사건〉

2008년 2월 10일 오후 8시 48분에 국보 1호인 숭례문에 화재가 발생했음. 이 불은 토지 보상금에 불만을 품은 70대 노인에 의한 방화임. 소방 당국은 초기 진화에 성공했다고 추정하고 10시 30분쯤 화재가 진압된 것으로 판단한 뒤 잔불 진화작업에 나섰음. 그러나 불길은 오후 10시 40분쯤 2층 안쪽 지점에서 다시 살아나 5시간 만에 모두 타버림. 이번 사건을 계기로 문화재 개방에 대한 논란이 일 것으로 예상됨.

〈다시 쓰기〉

10일 오후 8시 48분쯤 국보 1호인 숭례문에 방화로 인한 화재가 발생해서 5시간 만에 숭례문이 완전 붕괴됐다. 소방 당국의 오판과 안이한 대응으로 말미암아 화재 초기 불길을 제대로 잡지 못해 국보를 소실시켰다는 비판이 제기되고 있다. 이번 화재는 숭례문을 일반에게 개방한 후에 일어났다는 점에서 앞으로 문화재 개방에 대한 논란을 가져올 것으로 예상된다.

01 고ㅇㅇ(28.남)씨는 지난 8월 1일 자정께 서울 강동구 이ㅇㅇ(42.여)씨의 집에 몰래 들어가 핸드백을 훔쳐 나오다 잠이 깬 이 씨가 생활고로 인해 먹고 살기조차 힘들다고 호소하자 핸드백을 두고 오히려 현금 5천 원을 이 씨에게 쥐어 주고 나왔음. 고 씨는 이 씨의 신고를 받고 출동한 경찰에게 곧바로 붙잡혔고 경찰은 비록 범행은 미수에 그쳤지만 흉기로 피해자 이 씨를 위협했기 때문에 고 씨를 그냥 풀어줄 수 없다며 구속했음.

〈다시 쓰기〉

02 취업 전문 업체 '스카우트'가 지난 8월 26일부터 9월 5일까지 기업 인사담당자 245명을 대상으로 '다른 조건이 모두 같을 때 채용 시 선호하는 구직자'에 대해 조사한 결과 42.4%가 '장남·장녀'라고 답했으나 외동아들·외동딸과 막내아들·막내딸은 각각 4.5%, 4.1%에 불과했음. 이 회사의 사장은 "장남이나 장녀는 성장환경 속에서 다른 형제자매에 비해 신중함과 책임감을 더 갖게 된다"면서 "이 같은 요인으로 인해 많은 기업 인사담당자들이 장남·장녀를 선호하고 있다"고 말했음.

〈다시 쓰기〉

03 미국 미시건대 연구팀이 17년에 걸쳐 192쌍의 부부를 대상으로 연구한 결과, 화가 날 때 두 사람 모두 화를 참는 부부 중 27%가 두 사람 중 한 사람이 연구기간 중 조기사망 했고, 23%가 두 사람 모두 사망했음. 그러나 부부 모두 화를 내거나 한 사람이 화를 낸 부부에서는 19%가 연구기간 중 한 사람이 사망했으며 두 사람 모두 조기사망한 것은 단 6%에 불과했던 것으로 나타남. 이 실험은 화가 날 때 화를 억제하는 부부들이 화를 표현하고 부부싸움으로 이를 해소하는 부부들 보다 조기 사망할 위험이 크다는 것을 밝혀냈으므로 큰 의미가 있음.

〈다시 쓰기〉

Ⅲ. 과제

다음 주제로 토론해 봅시다.

주제: 문화재 개방과 통제

화제도입: 숭례문이 완전히 불타버려서 온 국민이 깊은 충격에 빠졌습니다. 많은 사람들이 이번 일의 원인을 숭례문의 성급한 개방에 돌리고 있습니다. 문화재 개방에 따른 훼손의 문제는 세계 여러 나라에서 나타나고 있는데 중국의 '만리장성'과 페루의 '마추픽추'가 그 대표적인 예입니다. 다음 표를 채우고 이를 바탕으로 문화재 개방과 통제의 문제에 관해 토론해 봅시다.

	문화재 개방	문화재 통제
장점	1) 교육적 효과: 2) 관광객 유치:	무분별하고 부주의한 관광객들로부터 문화재가 훼손되는 것을 막을 수 있다.
단점	문화재 훼손과 파괴가 있을 수 있다.	
해결책	개방	모조품을 만들어 전시하거나 특정한 기간에만 진품을 공개하는 등의 방안을 활용해야 한다.

문화

한국의 문화재 보호

한국에서 문화재를 보호하기 위한 정책을 수립하고 관리하는 정부 기관으로 문화재청이 있다. 문화재청은 소중한 문화재를 체계적으로 보존, 관리하여 민족문화를 계승하고 이를 효율적으로 활용하여 국민의 문화적 향상을 도모하는 것을 기본 임무로 하고 있다.

문화재청에서는 문화재 중 중요한 것을 '지정문화재'로 지정하여 관리하고 있으며 지정되지 않은 문화재 중에서 보존이 필요한 것은 '등록문화재'로 등록하여 보존하는 일을 하고 있다. 유적지 관리, 문화재 보호를 위한 재정지원, 문화재 조사 등의 업무를 수행하고 있으며 특히 우리 문화재의 세계화 및 남북한의 문화재 교류를 활성화하기 위한 노력을 기울이고 있다.

다음은 문화재청이 제정한 '문화유산헌장'이다.

문화유산헌장

문화 유산은 우리 겨레의 삶의 예지와 숨결이 깃들어 있는
소중한 보배이자 인류문화의 자산이다.
유형의 문화재와 함께 무형의 문화재는 모두
민족 문화의 정수이며 그 기반이다.
더욱이 우리의 문화 유산은 오랜 역사 속에서
많은 재난을 견디어 오늘에 이르고 있다.
그러므로 문화 유산을 알고 찾고 가꾸는 일은
곧 나라 사랑의 근본이 되며
겨레 사랑의 바탕이 된다.
따라서 온 국민은 유적과 그 주위 환경이 파괴·훼손되지
않도록 노력하여야 한다.
문화유산은 한 번 손상되면
다시는 원상태로 돌이킬 수 없으므로
선조들이 우리에게 물려준 그대로
우리도 후손에게 온전하게 물려 줄 것을 다짐하면서
문화 유산 헌장을 제정한다.

1. 문화 유산은 원래의 모습대로 보존되어야 한다.
1. 문화 유산은 주위 환경과 함께 무분별한 개발로부터 보호되어야 한다.
1. 문화 유산은 그 가치를 재화로 따질 수 없는 것이므로 결코 파괴·도굴되거나 불법으로 거래되어서는 안 된다.
1. 문화 유산 보존의 중요성은 가정·학교·사회교육을 통해 널리 일깨워져야 한다.
1. 모든 국민은 자랑스러운 문화 유산을 바탕으로 찬란한 민족 문화를 계승·발전 시켜야 한다.

1997 년 12 월 8 일

1. 문화재를 보존하고 보호해야 하는 이유는 무엇입니까?

2. 국가, 사회, 개인의 입장에서 문화재 보호를 위해 할 수 있는 노력에는 어떤 것이 있을까요?

3. 여러분 나라에서는 문화재를 보호하기 위해 어떤 노력을 하고 있습니까?

문법 설명

01 -은/ㄴ 이상

앞 문장의 내용이 이미 정해진 사실이거나 확실하므로 뒤의 상황이 당연하다는 의미를 나타낼 때 쓴다.

- 잘못을 한 이상 그것에 대한 책임을 져야 한다.
- 바보가 아닌 이상 그런 걸 모를 리는 없다.
- 그 사실을 안 이상 그냥 넘어갈 수는 없다.
- 계약을 한 이상 계약서대로 해야 한다

02 -는다는/ㄴ다는/다는 점에서

앞 문장에서는 어떤 사실이나 특성을 말하고 '-다는 점에서' 뒤에서는 그것에 대해서 평가를 하거나 결론을 내릴 때 쓴다.

- 영어공용화는 계층 간의 격차를 심화시킨다는 점에서 반대했다.
- 그 두 사람은 취미가 같다는 점에서 공통점을 발견했다.
- 문화재는 잘 지키고 보존해야 한다는 점에서 일반 시민에게 공개하는 것에 반대한다.
- 그 백화점은 사후관리가 철저하다는 점에서 다른 백화점과 구별된다.

03 -는/은/ㄴ/인 반면

앞 문장과는 반대의 사실을 연결하여 말할 때 쓴다.

- 더워서 여름이 싫다고 하는 사람이 있는 반면 뜨거운 햇볕이 정열적이라며 여름을 즐기는 사람도 있다.
- 그 회사 휴대전화는 품질이 우수한 반면 수리기간이 길다는 것이 흠이다.
- 한국 사람들은 집에 대한 애착이 강한 반면 서구인들은 자동차에 대한 애착도가 높다고 한다.
- 3개월만 해도 실력이 쑥쑥 느는 사람이 있는 반면 1년을 해도 항상 제자리인 사람도 있다.

04 -으로/로 말미암아

앞문장의 어떤 현상이나 사물을 원인이나 이유로 하여 뒷문장의 안 좋은 결과가 생겼음을 나타낼 때 쓴다. 명사에만 붙여 쓴다.

- 작은 실수로 말미암아 큰 사고가 났다.
- 이 영화는 전쟁으로 말미암아 파괴되는 인간들의 모습을 그리고 있다.
- 아버지의 사업 실패로 말미암아 학교를 중간에 그만두었다.
- 가정교육의 소홀로 말미암아 청소년들의 탈선이 늘고 있다.

제8과

한국인의 생활

01

제목 | 한국인의 집
과제 | 한국의 전통주거문화에 대해서 알아보기
논리적인 글쓰기(본론 쓰기2)
어휘 | 주거
문법 | -다 못해, -기에 망정이지

02

제목 | 한국인의 사상
과제 | 한국의 사상에 대해서 알아보기
논리적인 글쓰기(결론 쓰기)
어휘 | 한국의 사상과 효
문법 | -는 둥 마는 둥 하다, -던 차이다

03

정리해 봅시다

- 문화
한국인의 종교

01 한국인의 집

학습 목표
● 과제 한국의 전통주거문화에 대해서 알아보기, 논리적인 글쓰기(본론 쓰기2)
● 문법 -다 못해, -기에 망정이지 ● 어휘 주거

위 가옥의 특징은 무엇입니까?
여러 나라의 전통적인 주거형태에 대해서 이야기해 봅시다.

난방법	난방 방식	보기
직접 난방	연료를 직접 태워서 난방을 하는 방식	 난로
증기 또는 온수 난방	열을 내는 장치를 실내에 두고, 그 속에 실외의 보일러에서 만든 증기, 온수를 통해서 난방을 하는 방식	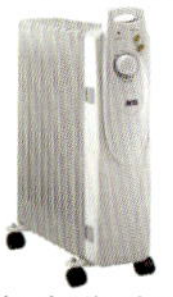 라디에이터
온풍 난방	가스, 증기, 온수, 전기 등으로 공기의 온도를 높여 내보내 난방을 하는 방식	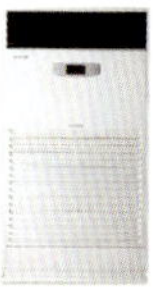 온풍기
복사 난방	벽, 바닥, 천장 속에 파이프를 넣고 그 속에 온수, 열풍 등을 보내줌으로써 벽, 바닥, 천장의 표면온도를 높여서 난방을 하는 방식	 온돌

위의 표는 다양한 난방법에 대한 설명입니다.

1) 각 난방법의 장점과 단점에 대해서 이야기해 보십시오.

2) 여러분 나라의 전통 난방법은 어떤 방식입니까?

대화

CD2:11~12

영수 한옥 체험을 하고 왔다고요? 온돌방에서 자 보니까 어땠어요?

제임스 겨우 한두 번 불을 때서 밤새도록 따뜻함을 유지할 수 있다니 참 놀라웠어요. 게다가 난방을 해도 방안의 공기가 탁해지지 않다니 놀랍다 못해 경이롭기까지 하던걸요.

영수 언젠가 신문에서 온돌 난방법이 경제적일 뿐만 아니라 위생적이어서 세계적으로 주목을 받고 있다는 기사를 본 적이 있어요. 더욱이 요즘은 전통적인 한옥의 소재들이 자연친화적이어서 건강하게 오래 살고 싶어하는 사람들 사이에서 새롭게 인기를 끌고 있다고요.

제임스 그런데 온돌도 온돌이려니와 방 사이에 놓인 탁 트인 마루가 아주 인상적이던데요.

영수 잘 보셨어요. 온돌과 마루는 한옥의 과학적 우수성을 보여주는 대표적인 두 가지 특징이에요. 온돌이 겨울을 위한 장치라면 마루는 여름을 위한 공간이지요.

제임스 하지만 한옥의 매력은 그런 기능적인 면에도 있지만 지붕이라든가 처마라든가 우아한 한복의 곡선을 닮은 부드러운 형태의 아름다움에 있는 것 같은데요.

영수 이거 하룻밤 만에 한옥의 매력에 푹 빠지셨군요. 어때요, 시간을 내서 체험해 보시길 잘했지요?

제임스 네, 우연히 체험단 얘기를 들었기에 망정이지 이렇게 좋은 경험도 못하고 한국을 떠날 뻔했어요.

01 온돌 난방이 세계적으로 주목을 받는 이유를 모두 고르십시오.

❶ 소재가 자연친화적이다.

❷ 지붕과 처마의 곡선은 한복의 그것과 유사하다.

❸ 불을 때도 방 안의 공기가 탁해지지 않아서 위생적이다.

❹ 한번 불을 때면 오랫동안 따뜻함이 유지되므로 경제적이다.

02 한옥의 과학적 우수성을 보여주는 대표적인 두 가지 특징은 무엇입니까?

체험 **불을 때다** **탁해지다** **경이롭다** **소재** **자연친화적이다** **장치** **처마** **형태**

03 '제임스'가 생각하는 한옥의 매력은 무엇입니까?

04 여러분이 체험한 한국의 전통 주거문화에 대해서 이야기해 보십시오.

[보기] 아시다시피 미국사람들은 집 안에서도 신발을 신은 채 생활해요. 그런데 한국에 와서 신발을 벗고 생활해 버릇하니까 이렇게 좋을 수가 없어요. 실내를 깨끗하게 유지할 수 있어서 좋고 또 발 위생에도 좋고요.

어휘 주거

01 다음 표현을 익히고 질문에 답하십시오.

(가)	(나)
기와집 초가집 온돌 아랫목 윗목 아궁이 굴뚝 마루 처마	난방시설 냉방시설 방음시설 방수시설 정수시설

1) (가)에서 알맞은 표현을 찾아 빈 칸을 채우십시오.

한국의 대표적인 전통가옥은 부유한 양반들이 주로 살았던 (   )과/와 대부분의 서민들이 살았던 (   )이다/다. 여기에는 기본적으로 방과 (   ), 부엌의 세 공간이 갖추어져 있었고 한국인들은 부엌에 있는 (   )에 불을 때서 취사를 하였다. 이때 그 열기가 연기와 함께 방을 덥힌 후 (   )으로/로 빠져나갔는데 이러한 난방법을 (   )이라/라 한다.

2) (나)의 표현 중에서 다음과 같은 경우에 필요한 시설이 무엇인지 쓰십시오.

❶ 무더운 여름 □□□□

❷ 추운 겨울 □□□□

❸ 오폐수가 많은 공장 □□□□

❹ 목욕탕, 수영장 □□□□

❺ 날마다 악기를 연습하는 연주가가 사는 집 □□□□

02 위의 표현을 사용하여 여러분의 고향집이나 지금 살고 있는 곳을 이야기해 보십시오.

[보기] 뉴질랜드는 여름에 별로 덥지 않고 겨울도 그리 춥지 않아서 냉방이나 난방시설이 따로 없는 집이 많아요. 그리고 대부분 단독주택에서 살지요. 저도 1층짜리 단독주택에서 살았는데 특별한 냉난방 시설이 없었어요.

문법

01 다음을 읽고 문법 및 표현을 익혀 봅시다.

지난 주말에 강릉에 있는 선교장으로 한옥 체험을 다녀왔다. 단풍철이 한창이어서 길이 좀 막혔지만 덕분에 차창 밖으로 **아름답다 못해** 황홀하기까지 한 단풍들을 실컷 볼 수 있었다. 선교장에 도착한 것은 오후 7시경이었다. 우리는 제일 먼저 마루로 안내되어 저녁식사를 했다. 그 후 따끈따끈한 온돌방에 이불을 펴고 누웠는데 스르르 하루의 피로가 녹아 사라지는가 싶더니 어느새 잠이 들었나 보다. 한참을 자다가 한층 더 뜨거워진 바닥 때문에 눈을 떴는데.... 요가 **두꺼웠기에 망정이지** 하마터면 화상을 입을 뻔했다. 하하하...

-다 못해

1) 다음을 연결하고 보기와 같이 문장을 쓰십시오.

[보기] 조상의 슬기가 놀랍다 •	• 아프다
❶ 겨울 산의 경치가 아름답다 •	• 입에 불이 난 것 같다
❷ 배가 고프다 •	• 경이롭다
❸ 낙지볶음이 맵다 •	• 춥다
❹ 극장 안이 시원하다 •	• 황홀하다

[보기] 조상의 슬기가 놀랍다 못해 경이롭기까지 해요.

❶ ....

❷ ....

❸ ....

❹ ....

2) 다음 표현을 사용하여 보기와 같이 문장을 완성하십시오.

참다 못해 견디다 못해 생각다 못해 보다 못해 듣다 못해

[보기] 기차에서 아이들이 하도 떠들어서 참다 못해 조용히 하라고 말했다.

❶ 하숙집 아줌마의 잔소리가 너무 심해서 ....

❷ 애인과 성격이 맞지 않아서 ....

❸ 자꾸 엉뚱한 행동을 하길래 ....

❹ 수업 중에 자꾸 전화가 와서 ....

-기에 망정이지

3) 다음 표를 완성하고 보기와 같이 문장을 만드십시오.

문제 발생	예상되는 위기	위기 탈출
[보기] 물건을 사고 계산을 하려고 하는데 지갑이 없었다	망신당하다	수첩 속에 비상금이 있었다
❶ 자동차 타이어에 펑크가 났다		출발 전에 발견했다
❷ 계단을 헛디뎠다	넘어져서 다리가 부러지다	
❸ 컴퓨터에 저장해 놓은 자료가 모두 사라졌다		
❹ 소리 나게 방귀를 뀌었다		

[보기] 수첩 속에 비상금이 있었기에 망정이지 망신당할 뻔했다.

❶ ....

❷ ....

❸ ....

❹ ....

02 위의 두 표현을 사용하여 유학생활의 어려움과 그것을 어떻게 극복했는지에 대해서 이야기해 보십시오.

[보기] 예상 외로 생활비가 많이 들어서 생각다 못해 아르바이트를 하기로 했어요. 다행히 아르바이트 자리를 금방 찾았기에 망정이지 공부를 포기해야 할 뻔했어요.

과제 1 듣고 말하기 [CD2:13]

다음을 듣고 질문에 답하십시오.

01 무엇에 대해 이야기하고 있습니까?

❶ 좋은 집의 조건
❷ 풍수지리의 과학성
❸ 좋은 집을 짓는 방법
❹ 집에 대한 다양한 견해

02 풍수지리에서 말하는 좋은 집의 정의는 무엇입니까?

03 다음은 풍수지리에서 말하는 좋지 않은 집의 예입니다. 이와 같은 집들을 왜 좋지 않다고 했을까요? 그 이유를 이야기해 봅시다.

- 무덤이 있었던 자리는 좋지 않다.
- 집 주위에 변전소가 있으면 좋지 않다.
- 외딴 집은 좋지 않다.
- 쓰레기 매립장이었던 곳도 좋지 않다.
- 막다른 집이나 복도식 아파트의 맨 끝 집은 좋지 않다.
- 집안 내부에 수석을 많이 두는 것은 좋지 않다.
- 집안에 동물 박제를 두는 것은 좋지 않다.
- 담장이 집에 비해 너무 높으면 좋지 않다.
- 침실 가까이 큰 나무가 있거나 나무가 많으면 좋지 않다.
- 애완동물은 집 밖에 두고 기르는 것이 좋다.
- 마당에 연못이나 분수대를 설치하는 것은 좋지 않다.
- 대문 바로 옆에 화장실을 두는 것은 좋지 않다.

04 여러분 나라에서는 어떤 집을 좋은 집으로 여깁니까? 그리고 어떤 집을 좋지 않은 집으로 여깁니까?

기능표현 익히기

〈분석하기〉

- 각국의 전통적인 난방방식**을 분석해 보면** 특히 열효율 면에서 온돌이 우수하다는 **것을 알 수 있다.**

〈설명하기〉

- **말하자면** 온돌은 조상의 과학적 슬기를 보여주는 소중한 유산인 것이다.

〈예시하기〉

- **예를 들어** 기와지붕의 선과 처마의 곡선이 한복의 그것과 유사하다.

〈비교하기〉

- 다른 나라의 전통 의상이 대부분 여인의 몸의 굴곡을 강조하여 아름다움을 표현하는 **것과는 달리** 한복은 여인의 몸을 드러나지 않게 감싸 숨김으로써 아름다움을 표현한다.
- 한복은 여인의 몸을 드러나지 않게 감싸 숨김으로써 아름다움을 표현한**다는 면에서** 다른 나라의 전통 의상**과 차이를 보인다.**

01 다음을 읽고 질문에 답하십시오.

과학적인 온돌 난방

<서론>

자연의 세계에서 인류는 신체적으로 열등한 조건을 가지고 있다. 따라서 인류는 자연의 세계에서 피포식자의 자리에 서 있어야 마땅하다. 그럼에도 불구하고 인류가 만물의 영장이 된 것은 신체의 열등함을 지혜로 극복해 냈기 때문이다. 한 예로 인간은 혹독한 추위로부터 자신을 보호하기 위해 다양한 난방 장치들을 고안해 냈다. 그리고 온돌은 한국인이 만들어 낸 한국 고유의 전통 난방 장치이다.

<본론>

온돌이란 아궁이에 불을 때 열기가 방밑을 지나게 해서 방바닥 전체를 덥히는 난방 장치를 말한다. 이는 한국민족만이 가진 독특한 난방 방식으로서 그 난방의 방식을 분석해 보면, 온돌은 전도에 의한 난방 외에 복사 난방과 대류 난방을 겸하고 있음을 알 수 있다. 그리고 바로 이 점에서 온돌이 경제적이고 위생적인 난방법으로서 과학적으로 우수함을 드러낸다.

먼저 온돌은 바닥재로 돌을 사용한다. 돌은 공기에 비해서 오랫동안 열을 머물게 한다. 즉 한 번 달궈진 돌은 불을 때지 않는 시간에도 열을 방출해 바닥을 따뜻하게 유지한다는 점에서 경제적이다. 뿐만 아니라 온돌은 주거환경을 쾌적하게 만드는 비밀이기도 하다. 온돌은 습도가 높을 때에는 바닥의 진흙이 습기를 흡수했다가 건조할 때 방출하여 방의 습도를 조절한다. 말하자면 자연 습도 조절 기능을 가진 것이다. 또한 벽난로와 같은 직접 가열식 난방이 방 안의 공기를 탁하게 하는 것과는 달리 온돌은 불을 땔 때 나오는 연기가 방바닥을 지나 굴뚝으로 빠져 나가도록 설계되어 있다. 그러므로 온돌은 위생적이다.

온돌은 한국인의 슬기와 지혜를 보여주는 과학적 산물이며 나아가 최근에는 세계화의 가능성을 보이고 있다. 예를 들어 중국 상하이에 신축중인 고급 아파트 가운데 상당수가 한국식 온돌 설치를 계획 중이고, 라디에이터에 익숙한 서양인들도 한국식 보일러 설치에 많은 관심을 보이고 있다는 것이다.

<결론 생략>

1) 온돌은 무엇입니까?

2) 온돌의 두 가지 우수한 점은 무엇입니까?

3) 위 글에서 다음의 기능 표현이 쓰인 문장을 찾으십시오.

정의하기	
분석하기	
설명하기	
비교하기	
예시하기	

4) 다음 표를 이용하여 이 글의 개요를 정리해 보십시오.

주제	온돌
서론	다양한 난방법 중의 하나, 온돌
본론	1) 온돌의 정의 2) 온돌의 우수성 ❶ .... ❷ .... 3) 온돌의 세계화
결론	(생략)

02 다음 글은 〈한국인의 식생활–김치〉의 서론입니다.

한국 사람들은 하루 세 번 밥을 먹는다. 이때 밥과 함께 꼭 상 위에 놓이는 것이 바로 김치이다. 해외여행을 갈 때도 한국인들의 가방 속에는 김치가 들어 있다. 김치 없이는 못 사는 민족, 그들이 바로 한국인이다. 김치 민족, 한국인들에게 김치는 단순히 음식만은 아닌 것 같다. 음식 그 이상의 무엇, 과연 김치는 무엇일까? 최근 세계의 음식으로 거듭나고 있는 김치를 바로 알기 위해 우선 이 글에서는 김치의 역사와 효능, 그리고 김치의 다양한 종류에 대해 살펴보고자 한다.

1) 이 글의 본론에는 무슨 내용이 있겠습니까? 본론의 내용을 예상할 수 있는 부분에 밑줄을 치십시오.

2) 다음은 〈한국인의 식생활–김치〉의 본론을 쓰기 위한 개요입니다. 빈 칸을 채우십시오.

주제	한국인의 식생활–김치
서론	한국인은 김치민족이다
본론	1) .... ❶ 한자어 '침채(沈菜)'–채소를 절인다는 뜻 ❷ 삼국시대 이전부터 채소를 소금에 절여 먹었음. ❸ 조선 중기 고추가 전해짐. 2) .... ❶ 발효 식품 – 항암효과 ❷ 저칼로리 식품 – 비만 억제 3) .... : 계절별, 지역별, 재료별로 종류가 수백 가지가 넘으며 최근 다양한 조리법의 개발로 그 수가 더욱 많아지고 있음.

3) 위의 내용 외에 본론에 더 쓰고 싶은 내용은 무엇입니까?

4) 위의 표를 이용하여 〈한국인의 식생활-김치〉의 본론을 써 보십시오.

5) 여러분 나라의 대표적인 음식은 무엇입니까? 그것을 설명하는 글의 개요를 만들고 서론과 본론을 써 보십시오.

02 한국인의 사상

학습 목표 ● 과제 한국의 사상에 대해서 알아보기, 논리적인 글쓰기(결론 쓰기)
● 문법 -는 둥 마는 둥 하다, -던 차이다 ● 어휘 한국의 사상과 효

사진 속의 사람들과 동상의 인물은 누구일까요?
여러분 나라에도 효 사상이 있습니까? 여러분 나라의 특징적인 사상은 무엇입니까?

1위		34.5%
2위	여행의 기회를 드린다	15.5%
3위	부모님께 취미나 소일거리를 가지시도록 도와드린다	12.5%
4위	매월 일정한 용돈을 드린다	10.5%
5위	사소한 병이라도 나시면 꼭 병원으로 모시고 간다	9.5%
6위	자주 부모님을 모시고 외출한다	7.5%
7위	사랑의 표현을 한다	6.5%
기타	맛있는 음식을 해 드린다 적정한 시기에 결혼한다	3.5%

위의 표는 한국의 30-40대 직장인 300명을 대상으로 '부모님께 하는 효도의 방법'에 대하여 조사한 결과입니다.

1) 빈 칸에 들어갈 내용은 어떤 것일까요?

2) 여러분은 부모님께 어떤 방법으로 효도를 하고 있습니까?

대화

CD2:14~15

민철 정희 씨는 날마다 어머니께 전화해서 문안인사 드린다면서요? 지난 생신 때는 직장에 휴가까지 내서 고향에 갔다오고요. 그야말로 효녀 심청이 따로 없네요.

정희 효녀 심청이요? 과찬이세요. 전 그저 거동도 불편하신데 홀로 계신 어머니가 안쓰럽기도 하고 걱정도 돼서 틈틈이 안부나 여쭙는 건데요, 뭐. 제가 전화로라도 챙기지 않으면 식사도 하는 둥 마는 둥 하시거든요.

민철 그래도 요즘 같은 시대에 그 정도로 효도하는 사람도 흔하지는 않지요. 옛날에야 우리나라의 전통 사상 중 으뜸가는 덕목이었다지만.

정희 저는 아무 것도 아니에요. 어제 텔레비전에서 딸이 어머니에게 신장을 기증하는 프로그램 봤어요? 정말 감동적이었어요.

민철 그래요. 저도 봤는데 정말 대단한 것 같아요. 어머니는 자식에게 짐이 될 수 없다며 한사코 거절했지만 결국 자식의 효심에 마음이 움직인 거죠.

정희 그뿐 아니라 민철 씨도 알다시피 우리 주변에도 부모님이나 시부모님을 지극 정성으로 보살피며 온갖 수발을 마다하지 않는 효자, 효부가 많잖아요.

민철 맞아요. 정희 씨 얘기를 듣고 보니 새삼 나 자신을 되돌아보게 되는군요. 그렇지 않아도 어버이날 선물로 뭘 보낼까 고민하던 차에 좋은 선물이 생각났어요. 바로 나를 보내는 거예요.

정희 잘 생각했어요. 저도 부모님 살아계실 때 한 번이라도 더 찾아뵙는 게 가장 쉬우면서도 진정한 효도라고 생각해요.

01 위 대화의 내용에 맞는 것을 모두 고르십시오.

❶ 정희는 민철의 불효를 꾸짖고 있다.
❷ 민철은 정희가 현대판 심청이라고 한다.
❸ 효도하는 사람이 옛날보다 많아지고 있다.
❹ 정희는 부모님께 안부 인사를 자주 드린다.

02 위 대화에 나타난 효도의 방법은 무엇입니까? 모두 찾으십시오.

그야말로　과찬이다　거동　안쓰럽다　흔하다　으뜸가다
덕목　신장　한사코　온갖　수발　마다하다

03

여러분이 알고 있는 효자, 효녀에 대한 이야기를 해 보십시오.

[보기] 한국에는 '효녀 심청'이라는 옛날이야기가 있습니다. 심청은 장님인 아버지의 눈을 뜨게 하려고 쌀 300석에 몸을 팔아 바다의 제물이 되었는데, 용왕에 의하여 구출되어 왕후까지 돼요. 그리고는 맹인 잔치를 열어 아버지를 만나고 아버지의 눈까지 뜨게 하는 이야기예요.

어휘 한국의 사상과 효

01

다음 표현을 익히고 질문에 답하십시오.

(가)	(나)
홍익인간 유교 불교 효 충 조상 숭배 장유유서	효도 효자 효녀 효부 불효자 공경하다 수발하다 섬기다

1) (가)에서 알맞은 표현을 찾아 빈 칸을 채우십시오.

뜻	표현	예
윗사람과 아랫사람 사이에는 엄격한 차례와 질서가 있음.	장유유서	내가 아무리 목이 말라도 형님에게 먼저 물을 마시라고 준다.
널리 인간을 이롭게 함.		김영수 씨는 어려운 이웃을 위해 자원봉사 활동을 많이 한다.
부모님을 잘 섬기는 것		외출할 때 꼭 가는 곳을 밝혀 부모님이 걱정하지 않도록 한다.
국민이 나라나 임금을 위하는 마음		나라를 위해 전쟁터에 나가 싸운다.
조상을 공경하고 받드는 것		우리 집에서는 5대 조상님들께 제사를 지낸다.

2) (나)에서 알맞은 표현을 찾아 빈 칸을 채우십시오.

❶ 부모님께 (   )하는 방법은 그리 거창하지도 어렵지도 않다. 부모님의 마음을 이해해 드리고 걱정을 끼치지 않는 것이 그 시작이고 전부가 아닐까?

❷ 하반신 마비 장애인인 김 씨는 시집도 안 가고 88세 노모의 머리를 날마다 감겨 드리고 음식을 먹여 드린다는데 정말 보기 드문 (   )인 것 같다.

❸ 부모님께 제대로 효도도 못했는데 어머니가 병으로 누워 계셔서 마음이 아프다. 지금까지 (   )이었던/였던 내 자신이 부끄럽고 지금부터라도 잘 보살펴 드리고 모셔야겠다고 생각한다.

❹ 직장일 때문에 얼굴도 못 보는 아들보다 항상 곁에서 신경 써주고 챙겨주는 우리 며느리가 더 나을 때가 많아요. 우리 며느리는 정말 (   )이에요/예요.

❺ 김영수는 직장도 그만두고 5년째 암으로 투병 중인 아버지를 (   )하고 있다.

02 위의 표현을 사용하여 한국의 사상에 대한 여러분의 생각을 이야기해 보십시오.

[보기] 저는 장유유서 정신이 참 흥미롭다고 생각해요. 우리나라에서는 대중교통을 이용할 때 노약자에게 자리를 양보하는 문화도 없고 연장자를 먼저 우대하는 경우가 별로 없어요. 하지만 한국에서처럼 윗사람을 공경하고 받드는 예의가 있으면 인간관계가 더 따뜻해지고 좋을 것 같아요.

문법

01 다음을 읽고 문법 및 표현을 익혀 봅시다.

미선아, 통화가 안 돼서 우선 이렇게 메시지를 남길게. 다름이 아니라 다음 달이 어머니 회갑이시잖아. 그래서 우리 형제들이 돈을 모아 두 분 효도여행을 보내드리면 어떨까 하는데 네 생각은 어떠니? 언니는 흔쾌히 좋다고 했고 큰오빠는 전화했을 때 바빠선지 **듣는 둥 마는 둥 했지만** 찬성 쪽이었어. 그리고 내가 여기저기를 **알아보던 차에** 마침 여행사에 다니는 친구가 추천해 줘서 좋은 관광상품도 찾았단다. 호주 여행 5박 6일 일정인데 더 자세한 이야기는 모두가 만나서 해야 할 것 같아. 메시지 확인하는 대로 연락해 줘.

-는 둥 마는 둥 하다

1) 다음 표를 완성하고 보기와 같이 이야기해 봅시다.

원인	결과
아침에 늦게 일어났다	밥을 제대로 못 먹고 나왔다
머리를 감는데 갑자기 단수가 됐다	
외출 준비를 하고 있는데 급한 전화가 왔다	
친구가 이야기하는데 자꾸 딴 생각이 났다	
시험 공부를 하고 있는데 텔레비전에서 좋아하는 가수가 나왔다	

[보기] 아침에 늦게 일어나서 밥도 먹는 둥 마는 둥 하고 나왔다.

-던 차이다

2) 다음 대화를 완성하십시오.

[보기] 가: 미선아, 오랜만이다. 요즘 어떻게 지내니?
나: 어, 민수구나. 그렇지 않아도 **너한테 전화하려던 차였는데 잘 만났다.**

❶ 가: 레이 씨, 백화점에서 세일을 한다는데 같이 안 갈래요?
나: 잘 됐네요. ______________________________.

❷ 가: 웨이 씨, 우리 편의점에서 아르바이트생을 구하고 있는데 혹시 생각 있어요?
나: 그럼요. ______________________________.

❸ 가: 선생님. 마리아 씨가 갑자기 고향에 일이 생겨서 어제 러시아에 돌아갔어요.
선생님께 미리 연락드리지 못해서 죄송하다고 전해 달래요.
나: 그랬군요. 그렇지 않아도 ______________________________.

❹ 가: 미선 씨, 저 빨간색 가방 어때요? 요즘 가장 유행하는 디자인이라던데요.
나: 그래요? ______________________________.

02 위의 두 표현을 사용해서 보기와 같이 이야기해 보십시오.

[보기] 저희 옆집 사람은 음악가라서 거의 날마다 밤늦게까지 악기 연주를 하는 통에 잠을 잘 자지 못했어요. 그래서 한 번 얘기를 하려고 생각하던 차에 그 사람을 집 앞에서 우연히 만나게 되었어요. 나는 흥분해서 항의했는데 그 사람은 무슨 급한 일이 있는지 내 말은 듣는 둥 마는 둥 하고 서둘러 가 버리던데요. 내 참.

과제 1 읽고 말하기

다음은 한국의 옛 이야기입니다. 읽고 질문에 답하십시오.

(가) 백제의 마지막 왕인 의자왕 즉위 15년에 신라와 당나라가 연합하여 백제를 공격하게 되었는데, 의자왕은 계백장군에게 나가 싸울 것을 명령하였다. 계백은 그 때 이미 나라의 위태로움을 알았고 출정 명령을 받은 후 집으로 가 '살아서 욕을 보는 것이 죽어서 편안함만 못하다'하면서 자신의 가족들을 직접 죽였다. 자신의 가족까지 모두 죽이고 전장에 나선 계백으로 인해 백제군의 사기는 높았다. 반면 70만의 신라군은 고작 5천만 백제군과 대적하였으나 죽기 살기로 싸우는 그들에게 번번이 패하였다. 한편 신라 화랑도의 세속오계 중에 '임전무퇴'가 있다. 나이 어린 화랑 관창은 백제군에게 사로잡혔으나 계백은 그를 풀어주었다. 살아돌아온 관창은 백제군을 또다시 공격하였으나, 계백은 두 번째 사로잡힌 관창의 목을 베어 신라로 돌려보냈다. 용감하게 싸우다 죽은 어린 관창의 모습을 본 신라군은 흥분하였고 목숨을 걸고 싸워 결국 싸움을 승리로 이끌었다. 계백도 이 전투에서 전사하고 백제도 멸망하였다.

(나) 조선의 명장 이순신은 1545년에 가난한 선비의 가정에서 태어났다. 이후 무과에 급제하여 관직에 올랐으며 전쟁에 나아가 적군을 무찔러 큰 공을 많이 세웠다. 하지만 주변의 시기와 모함으로 관직을 빼앗기고 백의종군하기도 하였다. 그러나 타고난 무예와 충성심으로 많은 전쟁을 승리로 이끌었으며 1592년 임진왜란이 일어나기 며칠 전 거북선을 발명했다. 거북선을 이끌고 바다에서의 모든 전쟁에서 승리를 거둔 이순신 장군은 언제 어디서나 큰 칼을 옆에 차고 나라를 위한 근심만을 하였다. 그가 쓴 일기는 충성으로 가득 차 있다. 1598년 노량 앞바다의 싸움에서 이순신은 그만 적탄에 겨드랑이를 맞았으며 "방패로 나를 가려라. 그리고 내가 죽었다는 말을 하지 말라"는 말을 남기고 54살의 나이로 장렬하게 전사하였다. 승리는 하였지만 뒤늦게 이순신 장군이 전사한 것을 안 장병들은 통곡을 하며 장군의 명복을 빌었다. 충무공 이순신 장군은 우리 역사상 가장 위대한 나라의 수호자로서, 성웅으로 떠받들어지고 있다.

01 두 이야기의 공통된 주제는 무엇입니까?

02 (가)의 내용에 맞는 것을 고르십시오.

❶ 백제군은 신라군보다 수가 더 많이 전쟁에서 유리하였다.

❷ 계백장군은 신라의 용감한 장군으로서 관창과 싸우다 전사하였다.

❸ 의자왕은 백제의 마지막 왕으로서 전쟁터에 나가 목숨을 걸고 싸웠다.

❹ 관창은 임전무퇴 정신을 지켜 전쟁에서 죽을 때까지 싸우다 전사하였다.

03 (나)의 내용에 맞지 않는 것을 고르십시오.

❶ 이순신은 충성으로 가득 찬 일기를 계속 써 왔다.

❷ 이순신은 조선시대의 위대한 장군으로 지금도 존경받고 있다.

❸ 이순신의 부상으로 참전하지 못한 노량 전투는 크게 패하였다.

❹ 이순신은 거북선을 만들어 바다에서의 전쟁을 승리로 이끌었다.

04 여러분 나라에도 위의 주제와 관련된 이야기가 있습니까? 이야기해 보십시오.

과제 2 논리적인 글쓰기(결론 쓰기)

기능표현 익히기

〈결론 암시하기〉

- **이상으로** 한국의 전통음식에 **대해서 살펴보았다.**

〈요약하기〉

- **지금까지의 내용을 요약해 보면 다음과 같다.**
- 한국의 교육**에 대해** 다음의 세 가지로 **요약해 보고자 한다.**
- **요컨대** 청소년들에게 미치는 교육의 문제의 해결방안 모색이 시급함을 알 수 있다.

〈제안하기〉

- 대학은 진리탐구라는 대학 설립 목적을 회복하는 **방향으로 나아가야 하겠다.**

〈전망하기〉

- 이 정보화 사회에서 개인은 더욱 창조적인 역할을 담당해야 **할 것이다.**

01 다음 글은 〈과학적인 온돌 난방〉의 결론입니다. 읽고 질문에 답하십시오.

과학적인 온돌 난방

〈서론, 본론 생략〉

〈가〉이상으로 한국의 전통 난방 방식인 온돌에 대해서 살펴보았다. 〈나〉지금까지의 내용을 요약해 보면 다음과 같다. 첫째, 온돌은 열을 방출해 불을 때지 않는 시간에도 바닥을 따뜻하게 유지할 수 있다는 경제성과 둘째, 불을 땔 때 나오는 연기가 방바닥을 지나 굴뚝으로 빠져 나가도록 설계되어 있는 위생성을 장점으로 살펴보았으며, 마지막으로 이러한 온돌이 세계화되는 추세에 있음을 구체적인 예를 들어 살펴보았다.

〈다〉온돌은 이제 한국만의 고유 생활 문화가 아니라 세계인의 난방법으로 진화하고 있으니만큼 기존 온돌의 전파에 만족할 것이 아니라 세계적이고 현대적인 온돌을 개발하려는 연구에 힘을 쏟아야 한다. 즉, 유럽에서는 이미 바닥 난방 설비의 독자적인 기준을 만들고 있으며, 서양에서도 지금 한창 생태환경을 고려한 바닥 난방에 대하여 연구하고 있다고 하니, 바닥 난방의 근원이 한국의 온돌임을 정확히 알리고 온돌의 현대화와 산업화를 서둘러야 한다. 〈라〉그렇지 않으면 한국 태생인 온돌의 정체성이 사라져 버릴 위험에 처할 것이다.

온돌은 2천년 이상 유일하게 한국 민족만이 사용해왔던 한국 고유의 문화였으나, 최근 10여 년 사이에 전 세계 각국으로 급속이 전파되고 있다. 그러므로 한국은 온돌의 경제적, 위생적, 건강학적인 장점을 계승하고 개발하여 종주국으로서의 권리와 역할을 지켜야 할 것이다.

1) 위 글에서 결론임을 암시하는 부분은 어느 곳입니까? (　　)

❶ 〈가〉　❷ 〈나〉　❸ 〈다〉　❹ 〈라〉

2) 위 글에서 서론과 본론의 내용을 요약하는 부분은 어느 곳입니까? (　　)

❶ 〈가〉　❷ 〈나〉　❸ 〈다〉　❹ 〈라〉

3) 다음 표는 논술문의 결론에서 다루어지는 내용입니다. 각 기능이 나타난 부분과 표현을 찾아 쓰십시오.

기능	단락	문장
결론 암시하기	〈가〉	
요약하기		
제안하기		세계적이고 현대적인 온돌을 개발하려는 연구에 힘을 쏟아야 한다. 온돌의 현대화와 산업화를 서둘러야 한다.
전망하기		

02 〈한국인의 식생활–김치〉에 대하여 논술문을 쓰려고 합니다. 다음 표에 메모하면서 결론의 내용을 생각해 보십시오.

기능	문장
결론 암시하기	
요약하기	
제안하기	
전망하기	

03 위의 표를 바탕으로 논술문의 결론을 써 봅시다.

03 정리해 봅시다

I. 어휘

01 빈 칸에 어울리는 단어를 찾아 쓰십시오.

탁해지다 경이롭다 소재 기증하다 안쓰럽다 흔하다
장치 형태 마다하다 되돌아보다 덕목

대가족 핵가족 동거가족 공동체가족	만화, 동화 실화 미래사회 역사	자동차 에어백 안전벨트 놀이공원 안전바	학생들에 대한 사랑 지식에 대한 열정
[보기] 가족의 (형태)	영화의 ( )	안전 ( )	교사의 ( )

• 죽은 나무에서 꽃이 피다니 정말 신기 하다. • 이런 높은 탑을 사람이 세웠다니 정말 놀랍다.	• 구걸하는 어린 아이가 불쌍하다. • 아르바이트를 하면서 공부하느라고 늘 피곤해하는 친구가 가엽다.	• 전 재산을 대학교에 주다. • 장기를 환자에게 주다. • 쓰지 않는 물건을 바자회에 내놓다.	• 아이들끼리 놀다가 싸우는 일은 보통 있는 일이다. • 봄에는 어디에서나 진달래꽃을 쉽게 볼 수 있다.
[보기] 경이롭다			

02 다음 그림을 보고 빈 칸에 <보기>와 같이 단어를 쓰십시오.

윗목　　아랫목　　아궁이　　처마　　굴뚝

(　)

[보기] (마루)

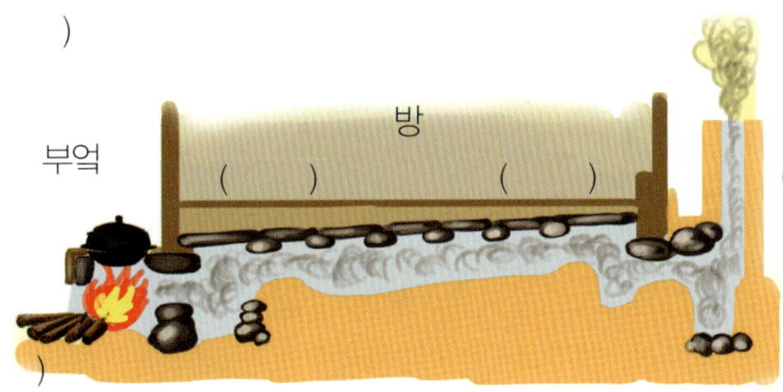

온돌의 구조

03 다음 이야기의 내용과 관계있는 단어를 찾아 쓰십시오.

충　　효부　　효녀　　불교　　불효자
수발하다　　장유유서　　공경하다　　효도하다　　조상 숭배

내 친구 정희는 그야말로 천사다. 길을 걸을 때 땅바닥의 개미나 지렁이도 함부로 밟거나 죽이지 않는다. 그리고 학교 [보기] 선배를 만나면 깍듯이 인사하고 음료수를 마실 때조차도 항상 선배를 먼저 챙겨 드린다. 또한 ❶어머니를 아주 극진히 모시는 소문난 딸이기도 하다. 오랜 병으로 누워 계신 어머니를 ❷날마다 씻겨 드리고 밥도 먹여 드린다. 물론 친할아버지 할머니를 대하듯 ❸이웃 어른들께도 항상 예의바르게 행동하고 잘 모셔서 칭찬이 자자하다. 그런 정희의 모습을 보면 나는 정말 ❹부모님 속만 썩여 드린 철없는 자식이라는 생각이 든다. 일찍 아버지를 여읜 정희는 날마다 말한다. 살아계실 때 ❺부모님을 잘 모시라고, 해 드릴 수 있는 일을 하나라도 더 해 드리라고, 부모님은 기다려 주지 않으신다고...	[보기] 장유유서 ❶ .... ❷ .... ❸ .... ❹ .... ❺ ....

II. 문법

다음의 문법을 이용하여 보기와 같이 주어진 상황에 맞게 대화를 만드십시오.

-다 못해　　-기에 망정이지　　-는 둥 마는 둥 하다　　-던 차이다

[보기] 기다리다가 화가 난 친구와 약속시간에 늦어서 미안해하는 친구의 대화

가: 지금이 몇 신데 이제 오니?

나: 정말 미안해. 수업이 늦게 끝나서 그랬어. 마음이 급해서 수업도 듣는 둥 마는 둥 하고 친구들하고 인사도 하는 둥 마는 둥 하고 뛰어나왔는데도 이렇게 늦었네. 대신 내가 맛있는 거 살게.

가: 당연하지. 지금 막 기다리다 못해 집에 가려던 차였으니까. 내가 워낙 참을성이 많기에 망정이지 다른 사람 같으면 아까 갔을 거다. 우리 뭐 먹으러 갈까?

1) 회사에 사표를 내고 나온 친구와 그를 격려하는 사람의 대화

2) 학교에서 갑작스런 시험을 보고 나온 두 친구의 대화

3) 옆집 사람에 대해 각각 불평하는 두 사람의 대화

4) 아르바이트를 찾고 있는 사람과 자신의 아르바이트 자리를 소개해 주는 친구의 대화

III. 과제

다음은 유교 사상과 관련된 주장하는 글입니다. 다음을 읽고 여러분의 생각을 이야기해 보십시오.

어른을 공경하는 것은 젊은 사람으로서 당연한 일이고 아름다운 일이다. 노인을 우대하고 자신보다 연장자를 먼저 생각하는 정신은 효 사상의 연장으로 생각할 수 있다. 더구나 지금의 노장년층은 한두 세대 전에 나라를 위해 일해 왔고 오늘날의 우리를 있게 해준 주역임을 명심한다면 그들을 받들고 모셔야 함은 말할 필요가 없다. 지하철이나 버스에서 노인들에게 무조건 자리를 양보하는 것은 장유유서나 경로사상의 가장 기본적이고 당연한 의무라고 생각한다.

[보기] 지하철에서 경로석에 젊은 사람이 앉았다가 주변 사람들이나 노인에게 꾸지람을 듣거나 자리를 양보하기 싫어서 자는 척하다가 자기가 내릴 정류장이 되면 눈을 뜨고 내리는 젊은 사람들의 모습을 많이 보게 됩니다. 그런 모습을 보면 양보를 하는 것이 연장자를 위하는 순수한 마음이 있어서가 아니라 노인들에게 자리를 양보해야 한다는 강박관념이 있기 때문에 양보를 하는 것 같습니다. 그리고 양보를 안 하는 젊은이에게 무조건 호통을 치거나 욕을 하는 노인들을 보면 양보 정신이 없는 젊은이들보다 더 도덕이나 예의가 부족한 것 같습니다.

부모와 자식의 관계를 친(親-친함)으로 규정한 '부자유친'은 '사랑'을 주고받는 관계이다. 부모가 자식을 사랑하는 형태는 자애로움으로 나타나고, 자식이 부모를 사랑하는 마음의 표현은 효도로 표현된다. 따라서 아버지는 자식을 위해서 허물을 숨겨주고, 자식은 아버지를 위해서 허물을 덮어주어야 한다. 즉, 서로의 잘못을 감싸주고 좋은 일을 행하도록 인도하는 것이지, 법을 어겼다고 아버지가 자식을 고발하거나 자식이 아버지를 고발해서는 안 된다.

(의견)

'조상 숭배'를 주검을 숭배한다고 생각하는데 이는 잘못된 생각이다. 조상은 자기의 존재를 있게 해 준 사람이다. 집안에서 제사 지낼 때 고조부모, 증조부모, 조부모, 부모 등 4대를 제사 지내는 것은 자기가 볼 수 있는 조상을 의미한다. 그래서 제사는 효도의 연장이지 주검을 숭배하는 의식이 아니다. 명절 때 차례를 지내고, 조상의 묘소에 가서 절을 할 때 우리는 여러 가지 감정을 느끼게 될 것이다. 조상을 자주 찾아보지 못해서 미안한 마음도 들고, 삶과 죽음에 대해서 생각해 보는 시간을 갖게 되어 스스로 겸손한 자세를 갖추기도 한다.

(의견)

문화

한국인의 종교

최근 한국 통계청이 발간한 〈사회통계조사 보고서〉에 따르면 15세 이상 인구 3,590여 만명 가운데 불교 인구는 26.3%, 개신교는 18.5%, 천주교는 7.1%로 나타났다. 이 밖에 유교는 0.7%, 원불교 0.2%, 천도교 0.1% 순이었다.

한국에서 불교는 대략 4세기 경인 삼국시대에 전래되어 나라의 종교가 되면서 널리 퍼졌고 고려시대에 와서는 팔관회, 연등회와 같은 대행사가 거행되면서 번성했다. 당시 불교는 호국적인 성격이 강하였으며 법회를 통해 내란과 외환 등의 악운을 물리치고 왕실과 국가의 안전과 평화 유지를 기원하였다. 또한 죽은 이의 명복을 빌거나 토속신을 섬기는 의식도 함께 행해졌는데 이러한 호국 불교의 이념이 가장 강하게 나타난 것은 신라 시대의 승려인 원광이 만든 세속오계(世俗五戒)이다. 세속오계는 '나라에 충성하고(사군이충 事君以忠) 부모님께 효도하고(사친이효 事親以孝) 믿음으로 벗을 사귀고(교우이신 交友以信) 싸움에 나가서는 물러서지 않으며(임전무퇴 臨戰無退), 살아있는 것을 함부로 죽이지 않는다(살생유택 殺生有擇).'는 내용을 담고 있다.

한국의 기독교는 18세기 경 중국을 방문한 유학자들이 유럽에서 온 선교사들로부터 천주교 관련 서적을 전해 받아서 서학(西學:서양 학문이란 뜻)이라는 이름의 학문으로 소개하면서 전파되었다. 그 후 학자들은 점차 천주교의 종교적 진리를 깨닫게 되어, 이를 신앙으로 받아들이려는 움직임이 뚜렷해졌다. 초기에는 천주교 신자들이 비밀 집회를 갖고 조상의 제사를 무시한다는 이유로 많은 교인들이 신앙의 박해를 받고 순교하였다. 그러나 천주교의 남녀평등 사상과 내세사상은 사회적 약자들에게 현실의 고통에 대한 위안을 주었고 사회개혁의 의지를 심어주어 사회에서 멸시 당하는 천민과 상민, 그리고 중인들과 권력에서 밀려난 양반들, 여인들을 중심으로 교세를 확장하였다.

개신교는 19세기 초 미국의 선교사들에 의해 전해졌다. 그 당시 한국은 주변의 여러 열강에 의해 압력을 받고 있었으며 나라 안에서는 부정과 부패 정치로 정부가 약해져 있는 상황이었다. 따라서 이 시기에 전파된 개신교의 개혁 의지는 서민들에게 희망과 용기를 주는 힘으로 작용하였다. 개신교 선교사들은 교육사업·의료사업·사회사업 등을 통하여 사회 개선에 노력하였으며 일제 강점기에는 한국 국민의 자주정신을 고취하여 독립운동에도 기여하였다. 그 후 6·25전쟁 등을 겪으면서 한국의 기독교는 역사상 보기 드문 발전을 하였고 현재에도 세계 곳곳에 선교사를 보내는 등 활발한 활동을 하고 있다.

1. 인간에게 종교는 어떤 역할을 한다고 생각합니까?

2. 여러분 나라에는 어떤 종교가 있으며 사람들에게 어떤 영향을 주었는지 이야기해 봅시다.

문법 설명

01 -다 못해

상태 동사의 경우 상태의 정도가 지나쳐서 그 이상의 극단적 상태에까지 이르렀음을 의미하며 동작동사의 경우 한계에 이르러 더 이상 그 동작의 상태를 유지할 수 없음을 의미한다.

- 아이가 대학에 합격하니 기쁘다 못해 눈물이 난다.
- 배가 부르다 못해 터질 것만 같다.
- 그녀의 미모는 아름답다 못해 눈이 부시다.
- 상사의 부당한 요구를 견디다 못해 사내 고충위원회에 진정을 했다.

02 -기에 망정이지

당황스럽고 난처한 일이 생겼지만 우연히 벌어진 다행스러운 상황 덕분에 큰 문제 없이 그 상황에서 빠져 나왔음을 의미한다.

- (열쇠를 잃어버렸다) 비상열쇠가 있기에/있었기에 망정이지 집에 못 들어갈 뻔했다.
- (연설 도중에 마이크가 고장이 났다) 내 목소리가 크기에/컸기에 망정이지 뒷자리에 있는 사람들은 하나도 못 들을 뻔했다.
- (오후가 되면서 갑자기 날씨가 추워졌다) 아침에 옷을 두껍게 입고 나왔기에 망정이지 얼어 죽을 뻔했다.
- (회의 준비를 깜빡 잊고 안 했다) 회의가 취소됐기에 망정이지 큰일 날 뻔했다.

03 -는 둥 마는 둥 하다.

무슨 일을 하는 듯도 하고 하지 않는 듯도 함을 나타낸다.

- 걱정이 있어서 밥도 먹는 둥 마는 둥 했다.
- 좋아하는 프로그램이 시작돼서 엄마한테 인사를 하는 둥 마는 둥 하고 방으로 뛰어들어 갔다.

- 어젯밤에 자는 둥 마는 둥 했더니 피로가 안 풀려서 몸이 힘들다.
- 여자친구와 헤어져서 요즘 수업도 듣는 둥 마는 둥 하고 밥도 먹는 둥 마는 둥 하며 지낸다.

04 -던 차이다.

마침 어떠한 일을 하던 기회나 순간임을 나타낸다.

- 아르바이트를 찾던 차에 마침 영수가 좋은 자리를 소개해 주었다.
- 잠이 막 들려던 차에 전화가 왔다.
- 너를 만나러 가려던 차였는데 마침 잘 왔구나.
- 어떤 옷을 입고 갈까 고민하던 차였는데 옷장에 걸려 있는 언니의 옷이 눈에 띄어 허락 없이 입어 버렸다.

제9과 미래 사회

01
제목 | 자동화 사회
과제 | 자동화된 사회를 전망해 보기
정보 전달하기
어휘 | 자동화
문법 | -기 나름이다, -는다손 치더라도

02
제목 | 미래형 인간
과제 | 미래 사회에 대해서 의견 나누기
예측하기
어휘 | 미래형 인간
문법 | -는 한이 있더라도, 은 고사하고

03
정리해 봅시다

- 문화
지난 20년간 사라진 것

01 자동화 사회

학습 목표 ● 과제 자동화된 사회에 대해서 전망하기, 정보 전달하기
● 문법 -기 나름이다, -는다손 치더라도 ● 어휘 자동화

위 사진의 로봇들은 어떤 일을 수행하고 있습니까?
여러분이 알고 있는 로봇에는 어떤 것이 있습니까?

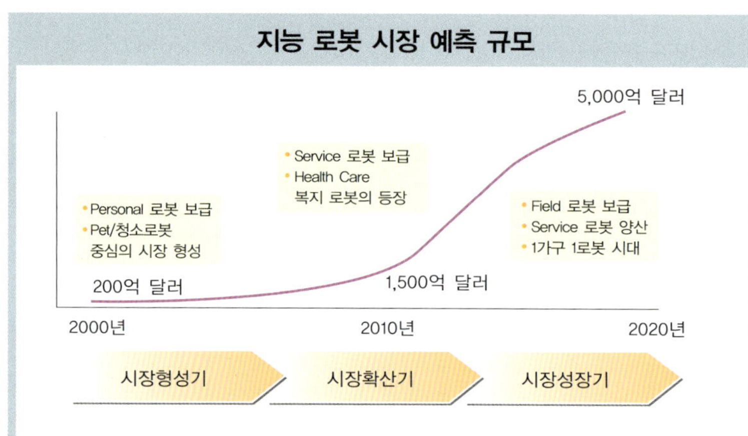

(출처: 김병수, 가정용 로봇 산업 현황)

위 도표는 로봇 시장의 현황과 예측입니다.

1) 이 도표에서 알 수 있는 내용은 무엇입니까?

2) 사회의 변화에 따라 다양한 기능의 로봇이 필요합니다. 여러분은 앞으로 어떤 로봇이 필요하다고 생각합니까?

사회의 변화	로봇의 기능
노인인구의 증가	
여성의 사회진출 확대	가사노동, 육아기능을 담당하는 로봇
독신자의 증가	

대화

CD2:16~17

알렉스 이번에 과학기술원에서 기술 개발에 성공한 수술보조 로봇에 대한 기사 봤어? 반응이 굉장하던데.

영수 어제 뉴스에서 봤어. 지금까지는 수술 위치를 정해주거나 수술 시 절개 부위를 잡아주는 등 한정된 역할만 할 수 있었는데 이번에 개발된 로봇은 직접 수술을 도와준다고 하니 대단하지.

알렉스 3차원의 입체영상을 통해 원격으로 수술을 집도하게 되니까 의사의 손떨림도 방지할 수 있고 미세한 봉합에 아주 적절하게 활용할 수 있다고 해.

영수 기사 내용을 보니까 앞으로는 수술 보조만 하는 게 아니라 직접 수술을 집도하는 수술로봇을 개발할 계획이라더군. 하긴 옛날에는 사람의 손을 거쳐야만 했던 많은 일들이 거의 자동화되었으니 그게 먼 세상 얘기도 아니지 뭐.

알렉스 맞아. 지난주에 의료기기 전시회에 갔다 왔는데 모든 기계가 인공지능으로 만들어져서 사람이 직접 조절하거나 관리할 필요가 없더라.

영수 첨단과학 기술의 발달로 모든 것이 다 자동화된다면 우리들은 뭘 해야 하나? 이러다가 로봇이나 기계가 사람의 자리를 대신하게 되어 인간의 존재 가치가 위협을 받게 되지는 않을까 걱정이야.

알렉스 그건 기술을 활용하기 나름이라고 생각해. 인간과 로봇이 공존할 수 있는 세상을 구현하도록 지혜를 모은다면 다양한 용도의 로봇을 이용해 편리한 생활을 즐길 수 있을 거야.

영수 아무리 인간 친화적인 로봇을 개발한다손 치더라도 자동화로 인한 부작용은 없앨 수 없을 거야.

01 알렉스와 영수가 공통적으로 느낀 점은 무엇입니까?

❶ 로봇의 판매 전략 ❷ 로봇의 활용
❸ 미래의 로봇 ❹ 인간과 로봇의 공존

02 위 대화에서 말한 자동화의 예로는 무엇이 있습니까?

반응 절개 한정되다 입체영상 원격 집도하다 미세하다 봉합 보조 거치다 위협 공존하다 구현하다 용도 친화적이다

03 위의 대화를 이어서 기술 발달로 인한 부작용과 우리가 해결해야 할 과제에 대해서 이야기해 봅시다.

[보기] 통신 기술의 발달로 직접 만날 일도 줄어들고 끈끈한 인간미도 없어지면서 인간관계가 약화되고 있습니다. 온라인 상에서 형성된 관계를 오프라인으로 연계하는 작업이 중요하다고 생각합니다. 예를 들어 취미를 통해 형성된 관계라면 온라인으로 정보를 공유하고 오프라인으로는 전시회나 대회 등을 만들어 직접 참여하게 하는 것입니다. 이렇게 되면 자동화 속에서 소원해질 수 있는 인간관계가 친밀해질 수 있습니다.

어휘 자동화

01 다음의 표현들을 익히고 질문에 대답하십시오.

(가)	(나)
문서처리	경비절감
정보유통	보안강화
전자결제	사무업무의 효율화
원격제어	정보공유
자동감지	능률향상
전자상거래	품질향상

1) (가)에서 알맞은 표현을 찾아 빈 칸을 채우십시오.

기능 설명	표현
인터넷을 통해 물건을 사고 판다	전자상거래
집 안의 가전제품, 조명기기, 음향기기 등을 전화로 켜고 끈다	
물건을 구매한 후 대금을 온라인으로 지불한다	
가스 누출이나 화재, 도난 시에 경고음이 울린다	
필요한 자료를 도서관에 가지 않고 인터넷을 통해 찾는다	
각종 자료나 서류 등을 컴퓨터로 작성, 저장한다	

2) (나)의 표현을 이용하여 다음 빈 칸을 채우십시오.

컴퓨터와 통신기술의 획기적인 발전에 따라 자동화시스템은 더욱 발전하는 추세이다. 가정에서도 도난 시에 경보음을 울려주는 자동감지 기능을 통하여 (　　　　　)의 효과를 거두고 있다. 사무실에서도 사무자동화를 통해 신속한 정보수집, 사무업무의 (　　　　) 및 내용의 질적인 향상을 도모할 수 있게 되었다. 또한 공장에서도 컴퓨터를 이용하여 사람들이 하던 일을 자동으로 처리하게 함으로써 사람의 개입을 최소화시켜 (　　　　　)의 효과를 가져 올 수 있다.

02 위의 표현을 이용하여 자동화 사회에 대해 이야기해 보십시오.

[보기] 현대사회는 많은 부분이 자동화되어 사람들의 생활이 편리해졌습니다. 집안에서 금융 업무를 보거나 전자 상거래를 통해 집에서 물건을 주문하고 결제할 수 있게 되었습니다. 뿐만 아니라 최근에는 컴퓨터나 복잡한 기계조작에 익숙하지 않은 사람들을 위해서 간편한 제품들도 많이 출시되고 있어 자동화 제품을 선호하고 이를 사용하는 인구는 점차 늘어날 거라고 생각합니다.

문법

01 다음을 읽고 문법 및 표현을 익혀 봅시다.

안녕하세요? 오늘 저희 홈쇼핑에서 소개할 상품은 전자의류입니다. 여러분이 원하는 적정온도를 설정해 주시면 옷 안에 들어있는 열선을 통하여 온도가 자동으로 조절됩니다. 비용이 좀 비싸다고요? 그것은 **생각하기 나름입니다.** 구입비용은 다소 **부담스럽다손 치더라도** 한 벌 구입하시게 되면 사계절 모두 입을 수 있기 때문에 오히려 경제적입니다. 이젠 무겁고 착용감이 불편한 옷은 필요 없게 될 것입니다.

-기 나름이다

1) 다음 대화를 보기와 같이 완성하십시오.

[보기] 가: 지금 시작하기에는 좀 늦지 않았어요? 제가 따라갈 수 있을지 걱정이에요.
나: 그거야 자기가 하기 나름이지. 늦었다고 생각할 때가 가장 빠를 때니까 열심히 해 봐.

1) 가: 이 제품의 수명은 어느 정도인가요?

나: .... 어떻게 사용하느냐에 따라 수명이 결정되는 거지요.

2) 가: 교육을 어떻게 시켰길래 저렇게 반듯하게 잘 자랐을까?

나: .... 부모의 교육방법이 아이들에게 큰 영향을 미친다고 봐.

3) 가: 난 언제쯤 김 사장님처럼 경제적인 여유 속에서 행복을 누리며 살 수 있을까?

나: .... 행복은 멀리 있지 않아. 네 마음 속에 있어.

4) 가: 이번 시험에 제가 합격할 수 있을까요?

나: .... 성실하게 준비한다면 시험에 붙을 거야.

–는다손/다손 치더라도

2) 다음을 연결하여 보기와 같이 이야기해 봅시다.

신제품 개발에 성공한다 •	• 비용이 너무 많이 들면 아무도 구입하지 않을 거다
전력상으로는 이길 가능성이 전혀 없다 •	• 못 오면 연락을 해야 한다
회사일로 바쁘다 •	• 영원히 안 보고 살 수는 없다
물건이 잘 팔리지 않는다 •	• 시합을 포기할 수는 없다
부모님과의 갈등이 있다 •	• 당장 장사를 그만 둘 수는 없다

[보기] 아무리 신제품 개발에 성공한다손 치더라도 비용이 그렇게 많이 들면 아무도 구입하지 않을 거예요.

02 위의 표현을 이용하여 여러분이 가지고 있는 물건에 대해서 이야기해 봅시다.

[보기] 제가 가장 아끼는 물건 중의 하나는 휴대용 게임기입니다. 요즘 청소년들의 게임 중독에 대한 기사가 가끔 실리기도 하지만 전 게임이 무조건 나쁘다고 생각하지 않습니다. 게임은 본인이 활용하기 나름입니다. 다소 부작용이 염려된다손 치더라도 많은 장점을 활용할 수 있다면 우리에게 약이 될 것입니다.

과제 1 읽고 말하기

기술의 진화는 어디가 끝일까요?

불과 몇 년 전만 해도 상상 속에서만 가능했던 많은 일들이 실현되었습니다. 가정과 사무실, 공장에서 자동화시스템을 도입하여 업무의 효율성과 생활의 질적인 향상을 가져왔습니다. 여기에서는 첨단과학 기술의 발전이 우리의 생활에 어떤 편리함을 가져다 주었는지 구체적으로 살펴보고자 합니다.

첫째, 가정자동화입니다. 가정자동화란 집에 있지 않아도 집안에 있는 모든 가전제품이나 기기 등을 전화로 작동할 수 있게 해주는 시스템을 말합니다. 일일이 사람의 손을 거쳐야 했던 일들을 이제는 기계가 대신합니다. 아파트에 들어설 때 입구에 부착되어 있는 홍채 인식시스템을 지나가면 그 사람의 신상 파악에 필요한 정보가 입력됩니다. 신분이 불확실한 경우 자동으로 경비실에 연결이 되어 출입이 차단됩니다. 그 뿐만이 아닙니다. 퇴근하기 전에 원격제어 기능을 통해 거주자의 취향에 맞게 집안의 온도, 습도, 조명 등을 맞춰 놓을 수 있습니다. 가사노동에서도 해방됩니다. 가사 도우미 로봇이 냉장고가 제공하는 요리재료와 요리방법을 참고하여 하루 칼로리 섭취량과 선호 음식 등을 고려한 식단을 제공합니다.

둘째, 사무자동화 부분입니다. 사무자동화란 사무실에서 행해지는 업무를 자동화시키는 것을 의미합니다. 업무처리의 자동화를 통해 날마다 교통 전쟁을 치르며 출근할 필요 없이 대부분의 일은 재택근무를 통해 해결합니다. 결재서류도 직접 만나서 전달하지 않고 인터넷을 통해 주고 받기 때문에 시간이 크게 단축됩니다. 외국이나 지방에 있는 사람들과 회의를 하기 위해 시간을 투자해 이동할 필요도 없습니다. 정해진 회의 시간에 각자의 책상에 앉아 컴퓨터만 켜면 화상회의가 이루어질 수 있기 때문입니다.

셋째, 의료자동화입니다. 지금까지는 찾아온 환자가 어떤 상태인지에 대해서 의사가 미리 알지 못하므로 진단과 치료가 지연되기 일쑤였습니다. 또한 환자들은 자신이 먹는 약이 무슨 성분인지도 모르는 채 약을 복용하며 자신의 체질과 과거병력, 가족력은 고려되지 않은 처방을 받았습니다. 하지만 의료기술의 발달로 자신의 몸속에 들어있는 칩을 통해 본인의 건강을 실시간으로 확인할 수 있습니다. 이상이 생겼을 경우에는 자동으로 주치의에게 연락이 되어 환자의 모든 상태가 고려된 처방이 내려집니다. 수술 시에도 의사의 시간에 맞출 필요없이 담당 로봇이 수술을 집도하게 됩니다.

01 위 글은 무엇에 대한 글입니까?

02 글의 내용에 맞게 빈 칸을 채우십시오.

〈가정의 자동화〉

보안시설	홍채 인식시스템으로 신분 확인
주거환경	
가사노동	

〈사무 자동화〉

근무	재택근무 가능
결재	
회의	

〈의료 자동화〉

진찰	
처방	
수술	로봇이 진찰, 수술 등 직접적인 의료행위를 담당

03 다음은 우리가 생활 속에서 늘 사용하는 제품들입니다. 미래에는 어떤 기능들이 더 제공될지 이야기 해 봅시다.

	휴대전화	컴퓨터	텔레비전	신분증
현재의 기능	전화기, 사진기	정보검색, 통신	시청각 자료 제공	신분증명서
미래의 기능				

과제 2 정보 전달하기 [CD2:18]

기능표현 익히기

- 기존의 제품과는 달리 본 신상품은 전력 소모를 최소화했**다는 것이 가장 큰 특징입니다.**
- 지금까지의 휴대전화가 젊은 층을 주 대상으로 개발된 것**인 반면에** 이번 제품은 전 연령층에서 다양하게 사용될 수 있도록 고안된 것입니다.
- 교내에서의 휴대전화 사용의 문제는 교사의 입장, 학생의 입장 등 다양한 부분에서 요구조사가 이루어져야 한**다고 봅니다.**
- 로봇의 편리함은 다양하게 분석하여 발표되고 있지만 가격 경쟁력 부분은 기존의 기술로 해결하**기에는 어려운 점이 많습니다.**
- 따라서 저희 회사에서는 소비자들의 가격에 대한 부담을 줄여드리**고자** 필수적인 기능만을 담은 일반형 모델을 출시하게 되었습니다.

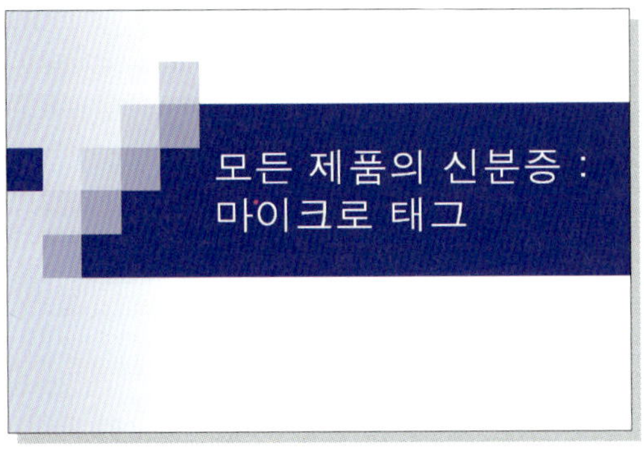

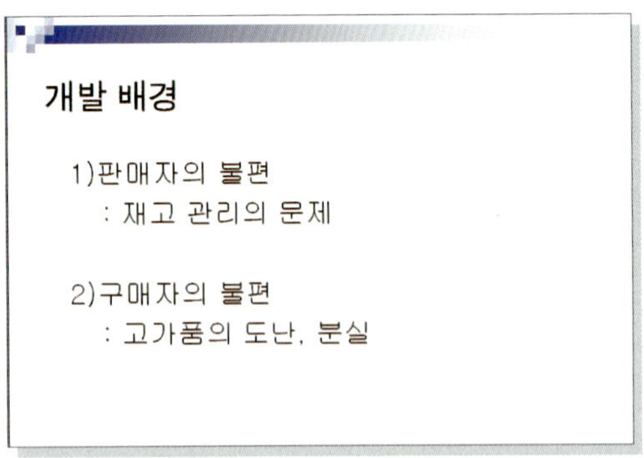

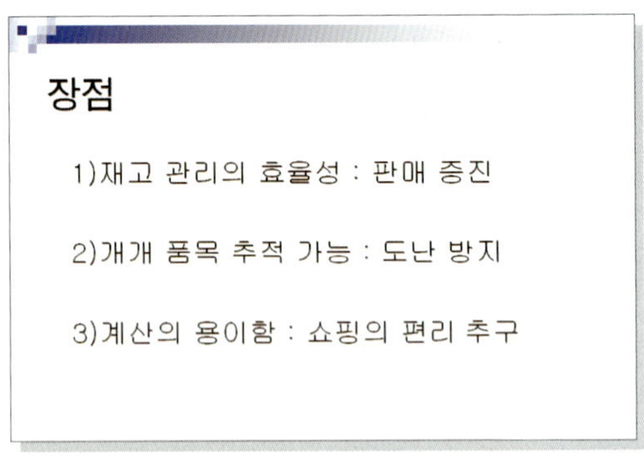

01 마이크로 태그란 어떤 제품입니까?

02 마이크로 태그의 장점에 대해 이야기해 봅시다.

03 다음은 제품에 대한 간단한 설명입니다. 구체적으로 정보를 전달해 봅시다.

제품명	개발 배경	장점
엠피스리(MP3)	1. 시디(CD)나 카세트는 기계가 필요하므로 들을 수 있는 장소의 제약이 있다. 2. 시디(CD)나 카세트의 구입비용이 많이 들며 보관도 불편하다.	1. 인터넷에서 다운로드 받은 음악 파일을 휴대하고 다니면서 언제든지 들을 수 있다. 2. 좋아하는 곡을 선별할 수 있다. 3. 비용을 절약할 수 있다.
전자서적	1. 책의 부피 때문에 보관할 장소가 필요하다. 2. 들고 다니기가 불편하다.	1. 원하는 책의 칩만 사면 다양한 책을 볼 수 있다. 2. 휴대와 보관이 용이하다.
스마트 카드	1. 신분증, 각종 신용카드를 여러 개 보유하는 것이 불편하다. 2. 사이버 공간에서 신용카드 결제에 각종 정보를 입력해야 하므로 불편하다.	1. 신분증기능과 다양한 결제 기능을 가지고 있다. 2. 사이버 공간에서 결제 시 단일 패스워드만 입력하면 된다.

04 여러분은 미래에 어떤 제품이 개발되리라고 생각하십니까? 우리의 생활을 편리하게 해 주는 상품을 구상하고 그 특성이나 기능을 구체적으로 설명해 봅시다.

02 미래형 인간

학습 목표 ● **과제** 미래 사회에 대해서 의견 나누기, 예측하기
● **문법** -는 한이 있더라도, -은 고사하고 ● **어휘** 미래형 인간

미래 사회는 어떤 사람을 원할까요?
여러분들은 여러분의 미래를 위해 어떤 준비를 하고 있습니까?

미래사회에서 필요한 습관
1. 주도적이 되어라.
2. 목표를 먼저 세우고 행동하라.
3. 중요한 것부터 먼저 하라.
4. 윈-윈(win-win) 전략을 추구하라.
5. 남의 말을 먼저 듣고 이해한 후 그 다음에 남을 이해시켜라.
6. 시너지를 활용하라.
7. 심신을 단련하라.
8. 네 목소리를 찾아라. 그리고 다른 사람들도 자신의 목소리를 찾도록 영감을 줘라.

위의 표는 미래 사회에서 필요한 8가지 습관입니다.

1) 각각의 의미가 무엇인지 생각해 봅시다.

2) 여러분은 이 중에서 어떤 습관을 갖고 계십니까? 미래사회에서 필요한 9번째 습관은 무엇이라고 생각하십니까?

대화

CD2:19~20

부장 김 과장이 이번에 세무사 시험에 합격했다면서? 새벽에 학원에 다니느라고 1년 넘게 고생하더니 보람이 있네.

민철 요즘은 퇴근하고 학원에 다니는 사람들이 많아졌어요. 우리 사회도 경력계발이니 평생학습이니 하는 것들이 생활화되었나 봐요.

부장 그럼. 끊임없이 자신을 개발하지 않으면 한 순간에 도태되고 말아. 자신의 개인 생활을 포기하는 한이 있더라도 장래에 필요한 기술과 능력을 미리 준비하고 대비해야 성공할 수 있는 사회지.

민철 취업경쟁을 뚫고 이제야 겨우 직장 일에 익숙해져 가고 있는데 또 다시 새로운 것을 준비해야 되다니. 이 사회가 우리에게 너무 많은 걸 요구하는 것 같아요.

부장 정 대리도 확실한 미래를 잡으려거든 지금의 회사 생활에 안주하지 말고 필요한 자격증이라도 따는 공부를 시작해 보지 그래? 전공이 경제학이니 회계사 공부도 좋을 것 같은데.

민철 전 지금 공부는 고사하고 제가 맡은 일만으로도 벅찬 걸요. 미래사회는 폭넓은 지식을 갖춘 전문가를 필요로 한다지만 누구나 다 그렇게 될 수는 없잖아요? 오히려 그런 시대의 흐름에 너무 억지로 맞추려다 보니 한 우물을 파는 사람이 적어지는 단점도 있는 것 같아요.

부장 그렇지만 평생직장의 개념이 사라진 현대사회에서 주어진 일에만 충실하다가는 살아남기 힘들지 않을까? 미래가 원하는 인재형이 그런 거라면 우리도 시대의 변화에 따르는 게 옳다고 보는데.

민철 물론 그런 점도 있지요. 하지만 묵묵히 자신의 일을 처리해 나가는 사람도 이 사회에 꼭 존재해야 된다고 생각해요.

01 위 글에서 말하는 변하는 인재형에 대해 정리해 봅시다.

02 위의 두 사람은 현대사회가 요구하는 인재형에 대한 입장의 차이를 보이고 있습니다. 입장이 어떻게 다른지 이야기해 봅시다.

도태되다 대비하다 요구하다 안주하다 회계사 벅차다 억지로 충실하다 묵묵히

03 바람직한 미래형 인간의 모습에 대한 여러분의 생각을 이야기해 봅시다.

[보기] 인터넷이 전 세계 공통의 도서관 역할을 하는 요즘 세상에서 전문지식의 의미는 그다지 크지 않다고 생각합니다. 원하는 고급 지식을 언제 어디서나 바로 인터넷으로 연결하여 얻어 낼 수 있는 세계에서 개인의 경쟁력은 새로운 것을 창조해 해는 창의력에 있다고 생각합니다. 따라서 미래형 인간의 바람직한 모습은 변화하는 사회에 대처할 수 있는 문제 해결 능력을 갖춘 창의적인 인간이라고 생각합니다.

어휘 미래형 인간

01 다음 표현을 익히고 질문에 대답하십시오.

(가)	(나)
두뇌전쟁 원격학습 생명공학 극미세기술(나노기술) 대체에너지 유비쿼터스 인간소외 물질만능	전문지식 폭 넓은 교양 국제 감각 외국어 구사능력 진취적이며 긍정적 사고 유연성 창의력 인간미 올바른 가치관

1) (가)에서 알맞은 표현을 찾아 빈 칸을 채우십시오.

컴퓨터 화면을 통해 미국인 영어강사에게서 영어를 배운다	
돈만 있으면 무엇이든지 이룰 수 있다고 생각한다	
심장에 문제가 생겨 바이오 심장을 이식해 건강하게 생활하고 있다	생명공학
석유대신 태양열 에너지나 원자력 에너지에 대한 연구가 한창이다	
생활은 아주 편리해졌지만 마음 맞는 사람이 없어 늘 외롭다	

2) (나)에서 알맞은 표현을 찾아 빈 칸을 채우십시오.

이제 시대는 급변하고 있다. 한 우물만 파다가는 생존하기 어려울지도 모른다. 자신의 전공분야에 대한 ( )은/는 물론이고 다양한 분야의 폭 넓은 지식을 요구하는 사회이다. 학교에서도 공부벌레보다는 급변하는 사회에 대처할 수 있는 ( )과/와 자신만의 새로운 것을 만들어 내는 ( )을/를 키워주는 교육이 이루어져야 할 것이다.

01 위의 표현을 이용하여 미래사회의 모습에 대해 이야기해 봅시다.

[보기] 미래에는 인간의 노동력이 거의 필요없을 거라고 생각합니다. 생활 속의 대부분의 것들이 자동화될 테니까요. 유비쿼터스 시스템도 완벽하게 구축되어 장소에 관계없이 네트워크에 접속할 수 있게 되겠지요. 또한 생명공학의 발전으로 불치병, 난치병도 사라지게 될 것이며 인간의 평균수명이 100세를 넘을 것이라고 생각합니다.

문법

01 다음을 읽고 문법 및 표현을 익혀 봅시다.

미래사회에는 다양한 능력을 지닌 인간만이 살아남을 수 있다고 한다. 사회적인 성공을 위해 자신의 모든 개인생활을 포기해가며 분주하게 뛰어다니는 동료들을 보면 '그들은 지금 행복한가?'라는 의문이 생긴다. 친구, 동료는 사라지고 경쟁자만이 존재하는 현실에서 인간적인 **정은 고사하고** 따뜻한 인사를 나누기도 힘들다. 조금 **처지는 한이 있더라도** 인간적인 정을 나누고 인간미를 느낄 수 있는 사회를 만들고 싶은 소망은 과연 나만의 것일까? 성공에 대한 강박관념을 가지고 남보다 앞서려고만 하기보다 자신이 정말 행복하게 살고 있는지를 한 번쯤 생각해 보는 시간을 가졌으면 좋겠다.

-는 한이 있더라도

1) 다음 표를 완성하고 문장을 만드십시오.

예상되는 좋지 않은 결과	의지
[보기] 주식을 지금 팔면 투자금액도 못 건질 것이다	오늘까지는 꼭 팔아야만 한다.
이번 일이 잘못되면 회사를 그만 둬야 할 것이다	
서류를 완벽하게 작성하려면 기한을 지키지 못할 것이다	
오늘까지 이 일을 끝내려면 밤을 새워야 할 것이다	
이렇게 훈련을 받다가는 쓰러질지도 모른다	
새로운 사업을 시작하려면 여가활동은 포기해야 할 것이다	

[보기] 투자금액을 못 건지는 한이 있더라도 오늘 안으로 꼭 팔아야 해요. 오늘까지 은행 빚을 갚지 못하면 집이 경매로 넘어간단 말이에요.

은/는 고사하고

2) 다음 표를 완성하고 문장을 만드십시오.

희망사항	못마땅한 현실
[보기] 기본 예의는 지켰으면 좋겠다	이기적인 행동만 한다
상여금을 받고 싶다	
집에 에어컨이 있었으면 좋겠다	
종합병원에서 치료를 받고 싶다	
빌려 준 돈의 이자를 받았으면 좋겠다	
이번 인사이동에서 승진이 되었으면 좋겠다	

[보기] 기본 예의는 고사하고 너무 이기적으로 행동해서 참기가 좀 힘들었어요.

02 위의 표현을 이용해서 여러분들의 강한 의지를 이야기해 봅시다.

[보기] 이번 프로젝트가 실패하면 승진은 고사하고 회사에서 쫓겨날지도 모른다. 그래도 내가 시작한 일인 만큼 내 자리를 내 놓는 한이 있더라도 끝까지 밀고 나갈 생각이다.

과제 1 듣고 말하기 [CD2:21]

미래 사회에서 필요로 하는 인재의 요소입니다. 듣고 질문에 대답하십시오.

01 미래의 인재가 가져야 할 다섯 가지 요소는 무엇입니까?

02 T자형 인간이란 무엇입니까? 구체적으로 설명해 봅시다.

03 다음은 각 기업에서 제시한 인재상입니다. 여러분들이 생각하는 인재상에 대해 이야기해 봅시다.

회사명	삼성	엘지(LG)	에스케이(SK)	현대자동차
인재의 요소	세계 수준의 전문성, 도덕성, 리더십	전문성, 혁신적인 성향, 실행력	패기와 지식을 겸비한 사회적 기업인	창조하는 도전인, 학습하는 전문인, 봉사하는 사회인

04 위의 내용을 바탕으로 자신이 미래 사회에 꼭 필요한 인물이라는 것을 광고해 봅시다.

과제 2 예측하기

기능표현 익히기

- 영어를 공용어로 사용하자는 영어공용화를 시행하게 되면 단기적으로는 다음과 같은 결과가 나타**날 것으로 보입니다.**
- 분배 문제가 원활하게 해결되지 않으면 소득의 양극화**가 초래될 것입니다.**
- 주가의 변동은 **좀처럼 예측하기 힘든 문제라고 할 수 있습니다.**
- 지금은 모두들 현실성이 없다고 하지만 앞으로 몇 년 내에 실용화**될 것이라고 장담 합니다.**
- 빠르게 급변하는 현대사회에서 미래를 **내다 볼 수 없다면** 성공의 가능성은 낮아질 것입니다.

다음은 빗나간 지난날의 예언들입니다. 읽고 질문에 대답하십시오.

01

인구 폭발(18세기 말 맬더스의 '인구론')

1950년대의 인구에 비해 1960년대에 40%의 인구증가를 제시하면서 세계 인구가 증가해 결국 지구가 수용할 수 없게 될 것이라고 내다 봤다. 하지만 인구는 크게 늘지 않고 오히려 현재는 한국을 비롯한 여러 나라들이 저출산 문제로 골머리를 앓고 있다.

1) 18세기 말에 맬더스가 인구의 폭발을 예측한 근거는 무엇입니까?

2) 앞으로 인간의 평균수명은 어느 정도까지 연장되리라고 생각합니까?

3) 현재의 고령화나 저출산 문제는 어떻게 되리라고 생각합니까?

4) 미래에는 어떤 인구 문제가 발생할 수 있을까요?

02

지구의 냉각화

1940년부터 1970년에 이르기까지 지구의 온도가 지속적으로 떨어지는 것을 보고 뉴욕타임즈는 새로운 빙하시대가 올 거라는 기사를 실었다. 당시의 학자들은 온실가스가 햇빛을 차단해 냉각화를 일으키는 주범이라고 생각했으니 대단한 모순이라고 볼 수 있다. 뿐만 아니라 1975년 뉴스위크지는 '차가워지는 지구(The Cooling World)'라는 제목 아래 지구의 기온이 점점 떨어져 곡식의 생산량이 감소하게 되어 결국은 온 인류가 기아에 허덕이게 될 것이라고 전망했다. 하지만 현재 지구는 냉각화와는 정 반대의 현상인 지구온난화 문제가 심각한 실정이다.

1) 지구가 냉각화될 것이라고 예측한 근거는 무엇입니까?

2) 여러분은 지구온난화 문제가 어떻게 될 것이라고 생각하십니까? 예측해서 이야기해 봅시다.

3) 그 외에 어떤 환경문제가 초래될 것이라고 생각하십니까?

03

컴퓨터 사용의 저평가

인터넷이 사람들의 생활에 이렇게 깊이 침투하리라는 것을 예측한 사람은 많지 않다. 불과 얼마 전만 해도 컴퓨터를 통해 정보를 공유할 수 있을 거라는 말을 비웃는 사람이 많았다. 1981년 컴퓨터의 황제인 빌 게이츠조차도 메모리가 640KB 정도면 모든 사람들에게 충분하고도 넘치는 용량이라고 예측했다. 하지만 현재 보통의 사람들이 수만 배의 메모리 용량을 사용하고 있다.

1) 빌 게이츠의 잘못된 예측은 무엇입니까?

2) 인터넷은 어느 정도까지 발전되리라고 생각하십니까?

04

2100년의 지구와 인류의 상황을 예측하고 근거를 제시하면서 발표해 봅시다.

03 정리해 봅시다

I. 어휘

01 다음의 단어를 분류하고 보기와 같이 짧은 문장을 만드십시오.

위협하다　도태되다　대비하다　안주하다　충실하다　억지로　묵묵히

〈긍정적〉
· 대비하다
·
·

〈부정적〉
· 위협하다
·
·

[보기] 만일의 사태에 대비하여 모든 시설을 다시 한 번 점검해 주시기 바랍니다.

1) ____________________.
2) ____________________.
3) ____________________.
4) ____________________.
5) ____________________.

02 다음의 제시어와 관계 있는 단어를 쓰십시오.

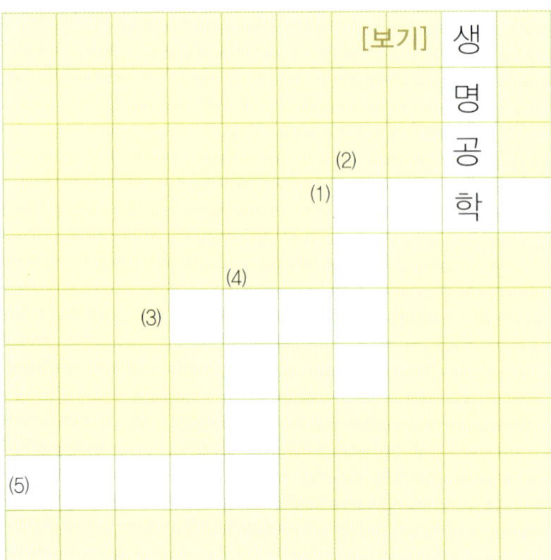

[보기] 유전자 조합, 동물복제, 줄기세포 : 생명공학

1) 온라인 학습, 동영상 강의, 사이버대학 :

2) 무선조종, 리모컨, 무인감시:

3) 인터넷 뱅킹, 온라인 쇼핑, 공인 인증서:

4) 센서, 비상벨, 스프링클러 :

5) 원자력, 태양열, 바이오 연료 :

II. 문법

다음의 여러 주장에 대해서 보기와 같이 반대의 의견을 이야기해 봅시다.

−기 나름이다　　−다손 치더라도　　−는 한이 있더라도　　은 고사하고

[보기] 주제 : 시한부 선고

주장하기 : 이미 중병으로 인해 심약해진 환자에게 시한부 선고를 한다면 환자의 상태는 더욱 더 나빠질 것입니다. 자신의 인생이 얼마 남지 않았다는 절망보다 환자가 나을 수 있다는 희망을 가질 수 있도록 배려하는 것이 좋다고 생각합니다.

반론하기 : 환자에게 무엇이 더 나은 방법인지는 생각하기 나름입니다. 처음에는 죽음을 받아들이기 힘들다손 치더라도 그것은 개인이 겪어야만 하는 삶의 과정이라고 생각합니다. 고통의 시간을 보내는 한이 있더라도 환자 스스로가 자신의 인생을 정리할 수 있도록 미리 알려 줘야 합니다.

1) 주제 : 정리해고

주장하기 : 여러분들도 아시다시피 요즘 회사의 재정상태가 아주 나쁩니다. 회사가 살아남을 수 있는 길은 인원감축밖에 없습니다. 장기적으로 볼 때도 생산 시설을 자동화하여 인력을 줄이는 것이 생산비의 단가를 높여 판매 수입을 늘이는 가장 효과적인 방법이라고 생각합니다.

반론하기 :

2) 주제 : 지하철 무료승차권 지급

주장하기 : 현재 65세 이상의 노인들에게 지급되는 지하철 무료승차권이 지하철 적자 운영의 가장 큰 원인입니다. 나이가 많다는 이유 하나만으로 모든 노인들에게 무료승차권을 지급해야 한다는 것은 이해가 되지 않습니다. 수익자 원칙에 따라 이용하는 사람이 비용을 지불하는 것은 당연합니다.

반론하기 :

Ⅲ. 과제

01 다음은 인간의 생물학적인 능력을 뛰어넘은 영화 속 주인공입니다.

이식 경위 : 교통사고로 인한 신체의 결손 부분을 첨단과학의 힘을 동원해 초인적인 능력을 지닌 새로운 인간으로 재탄생시킴.

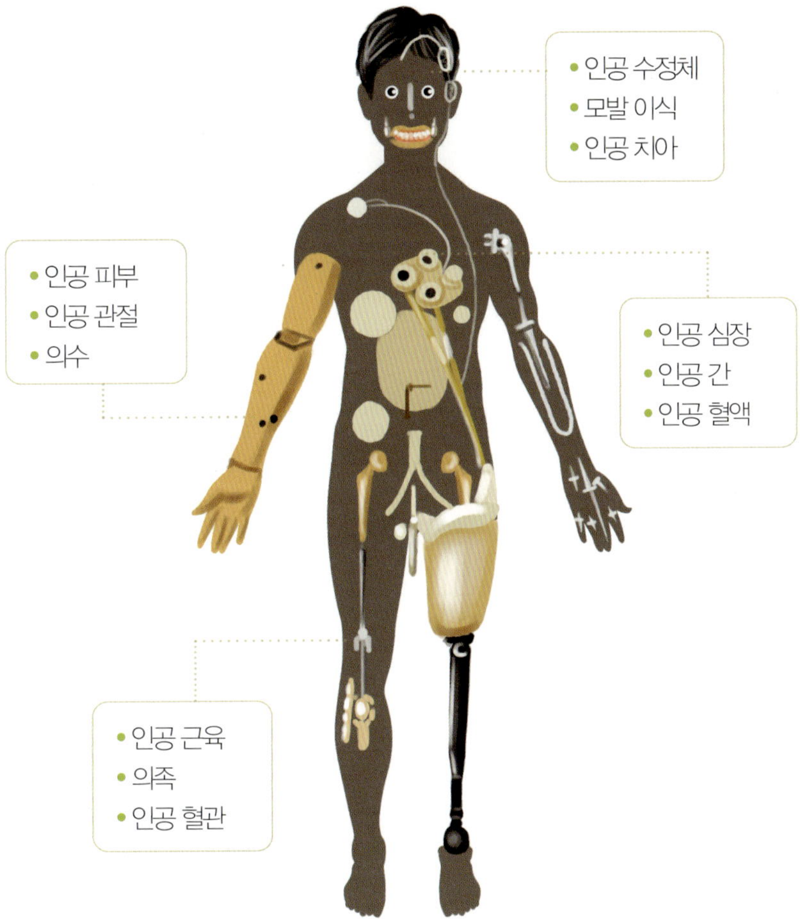

1) 여러분이 알고 있는 영화나 소설 속의 등장인물 중에서 첨단과학으로 인간의 한계를 뛰어넘는 능력을 가지게 된 인물에 대해 이야기해 봅시다.

2) 이식 기술의 발달로 인해 생길 수 있는 문제점과 그 해결 방안에 대해서 이야기해 봅시다.

문화

지난 20년간 사라진 것

한국갤럽에서 '예전에는 쉽게 볼 수 있었지만 지금은 사라지고 잊혀진 것들'이라는 주제로 한국 성인 남녀를 대상으로 조사를 한 바 있다. 오래 전에는 쉽게 볼 수 있었지만 요즘은 잘 볼 수 없거나 잊혀진 것들로 무엇이 가장 먼저 생각나는지에 대해서 물었다.

순위	지난 20년간 우리 주위에서 사라진 것들	%
1	연탄	11.3
2	삐삐	9.3
3	공중전화	7.3
4	버스 안내양	5.3
5	시내버스 회수권	5.1
6	사람 간의 정	4.9
7	가요 테이프	3.5
8	엿장수	3.3
8	뽑기/달고나	3.3
10	편지	3.1
11	깨끗한 자연	3.0
11	초가집	2.7
13	제비	2.5
14	불량식품	2.5
15	우체통	2.4
15	어린아이들의 순수	2.4
17	석유곤로	2.3
18	고무신	2.2
19	아이스케끼	2.1
19	함박눈	2.1
20	넉넉한 인심	2.1

(한국갤럽 2007년 12월)

단어만 들어도 추억이 떠오르고 향수가 느껴지는 많은 것들이 급격한 트렌드의 변화 속에서 사라지고 있다.

휴대전화가 등장하기 전 당시로서는 첨단 통신기기였던 '삐삐'가 사라지고 대중들의 주요 통신 수단이었던 '공중전화'가 사라지고 있다는 것은 격세지감을 느끼게 한다. 또한 '사람간의 정'이나 '넉넉한 인심'과 같이 온정이 식어버리는 세태를 반영하는 답변들은 '정'을 중시하던 우리 사회의 안타까움이 표현된 것이라고 하겠다. 오래도록 간직해야 하는 자산인 '깨끗한 자연'이 사라지고 있다는 응답은 환경오염에 대한 경각심을 일깨워 준다.

앞으로 20년 후에는 어떤 것들이 사라지고 잊혀질까? 또 어떤 것들이 새로 생겨날까?

1. 지난 20년간 사라진 것들의 원인은 무엇인지 이야기해 봅시다.

2. 여러분 나라에서는 지난 20년간 어떤 것들이 사라졌습니까?

3. 미래를 위해 우리가 간직해야 하는 것에는 어떤 것들이 있을까요?

문법 설명

01 -는다손/-다손 치더라도

선행문의 내용을 인정한다고 해도 그러한 것이 후행문에 아무런 영향을 미치지 않음을 나타내는 표현으로 '다고 하더라도'와 같은 의미이다. 뜻을 분명하게 하고 강조하기 위해서 '아무리'와 함께 쓰는 경우가 많다.

- 수술을 한다손 치더라고 결과를 보장할 수는 없다고 합니다.
- 그 사람이 부자라손 치더라도 사람의 마음을 살 수는 없어요.
- 아무리 바쁘다손 치더라도 자기가 맡은 일을 미루면 안 되지요.
- 아무리 화가 났다손 치더라도 기본 예의는 지켜야 되는 거 아닙니까?

02 -기 나름이다

어떻게 하느냐에 따라 일이나 행위의 결과가 달라짐을 의미한다.

- 모든 일은 생각하기 나름입니다.
- 제품의 수명은 소비자가 사용하기 나름입니다.
- 다른 사람에게 인정을 받고 못 받고는 다 자기 하기 나름이에요.
- 그 말은 해석하기 나름인 것 같아요. 어떻게 해석하느냐에 따라 의미가 다르지 않아요?

03 은 고사하고

선행문의 내용은 말할 것도 없을 만큼 불가능하거나 어려우며 그것보다 정도가 약한 후행절의 경우라도 쉽지 않다는 의미를 나타낸다.

- 장학금은 고사하고 낙제나 하지 말았으면 좋겠어요.
- 생일선물은 고사하고 축하한다는 전화 한 통 없었어요.
- 너무 긴장해서 어려운 문제는 고사하고 아는 것도 틀렸다.
- 보상은 고사하고 미안하다는 말 한 마디조차 하지 않더군요.

04 -는 한이 있더라도

뒤의 행위를 위하여 앞에 오는 상황이 희생하거나 무릅써야 할 극단적인 상황임을 나타낸다. 극단적인 상황을 전제하여 말하는 사람의 강한 의지를 표명할 때 쓰이는 표현이다.

- 쓰러지는 한이 있더라도 끝까지 포기하지 않을 거예요.
- 굶어 죽는 한이 있더라도 그 사람에게 돈을 빌리지는 않을 거야.
- 전 재산을 날리는 한이 있더라도 이번엔 꼭 투자를 해 볼 생각이야.
- 하늘이 두 쪽이 나는 한이 있더라도 이번 일은 성공적으로 완성시키고 말 거예요.

제10과 진로와 취업

01

제목 | 진로 상담
과제 | 진로에 대해서 조언하기
상담하기
어휘 | 진로
문법 | -으려고 들다, -노라면

02

제목 | 취업 면접
과제 | 면접시험에서 질문에 대답하기
자기 소개서 쓰기
어휘 | 면접
문법 | -은 바, -을 바에야

03

정리해 봅시다

- 문화
  조선시대의 신분제도

01 진로 상담

학습 목표 ● 과제 진로에 대해서 조언하기, 상담하기
● 문법 -으려고 들다, -노라면 ● 어휘 진로

사람들은 보통 어떤 문제로 상담을 합니까?
여러분은 상담하고 싶은 문제가 있습니까?

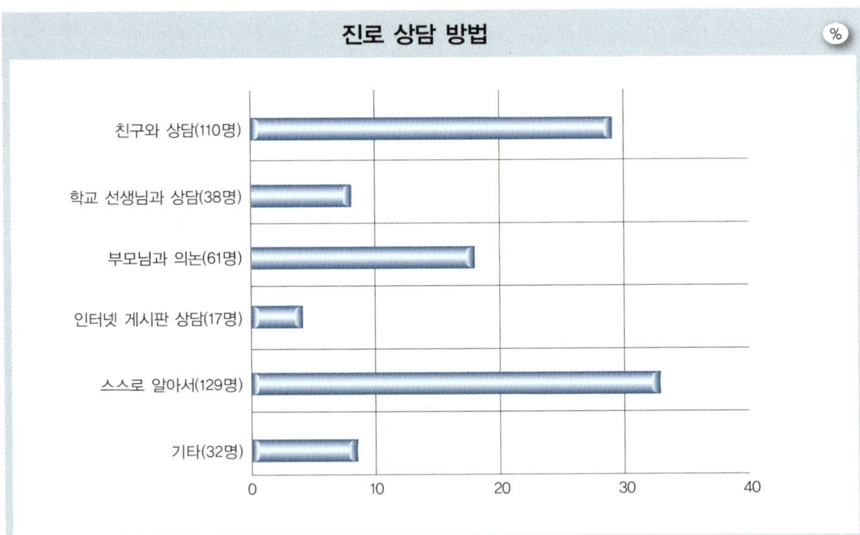

위 표는 고등학생 387명을 대상으로 진로 상담 방법에 대해 설문조사를 한 결과입니다.

1) 조사 결과를 통해서 알 수 있는 것은 무엇입니까?

2) 여러분은 진로에 대한 고민이 있을 때 어떻게 합니까?

대화

CD2:22~23

영수 선생님, 감사합니다. 선생님들께서 많이 도와주신 덕분에 드디어 졸업을 하게 되었습니다. 어떤 때는 너무 힘들고 어려워 포기해 버릴까 하는 생각도 했었어요.

선생님 이럴 때 고생 끝에 낙이 온다는 말을 쓸 수 있는 거지요. 그런데 졸업 후에는 뭘 할 거예요? 취직을 할 건가요? 아니면 계속 공부를 할 건가요?

영수 실은 진학하지 않고 취직을 하기로 결정하기는 했는데 제가 입사하고 싶은 회사는 한국에서 손꼽히는 유명한 대기업이라 경쟁이 만만치 않을 것 같아요.

선생님 대기업은 연봉이 높고 복리후생이 잘 되어있는 까닭에 취업준비자들이 너도나도 입사하려고 드니까요. 하지만 무엇보다도 자기가 정말 하고 싶은 일을 할 수 있고 아울러 자신의 능력을 충분히 발휘할 수 있는 곳인지 먼저 살펴봐야 해요

영수 그런 생각을 안 해 본 것은 아니지만 아무래도 큰 조직에서 많은 경험을 통해 일을 배울 수 있는 대기업이 더 낫지 않을까요?

선생님 제 얘기는 무조건 대기업에 지원하지 말라는 얘기가 아니에요. 대기업만큼 안정적이진 않을지라도 도전적이며 자신을 발전시켜 줄 가능성이 높은 중소기업이나 벤처기업으로도 한번 눈을 돌려 보라는 거지요.

영수 선생님 말씀을 듣고 보니 제가 너무 근시안적이었던 것 같네요. 이제부터는 어떤 회사가 저에게 가장 잘 맞는지 기업에 대한 구체적인 정보를 찾아 봐야겠네요. 그러면서 그 곳에서 필요로 하는 사람이 되도록 경쟁력을 높여 나가노라면 제 꿈을 이룰 수 있겠지요. 유익한 말씀 정말 고맙습니다.

01 위 대화에서 영수가 선생님을 찾아온 목적은 무엇입니까?

❶ 취업에 필요한 추천서를 받기 위해서
❷ 졸업 후 뭘 해야 할지 몰라서
❸ 중소기업에 취직하고 싶어서
❹ 인사도 하고 취업상담도 하려고

손꼽히다 만만치 않다 복리후생 까닭 조직 도전적이다 중소기업 벤처기업 눈을 돌리다

02 이 대화에서 말하는 대기업과 중소기업의 장단점을 이야기해 보십시오.

	장점	단점
대기업		
중소기업		

03 여러분이 하고 싶은 일에 대해 보기와 같이 이야기해 보십시오

[보기 1] 저는 광고회사에 들어가서 아이디어로 승부하는 카피라이터나 광고 기획자가 되고 싶은데요.

[보기 2] 저는 휴대폰 디자이너가 되어서 사용하기 편리하면서도 소비자의 감성을 자극하는 멋진 디자인을 개발하고 싶어요.

어휘 진로

01 다음 표현을 익히고 질문에 답하십시오.

(가)	(나)
구직자 구직난 구인난 전문직 단순직 종사자 자영업자	진로상담 진로정보센터 직업적성검사 취업정보사이트

1) (가)에서 알맞은 표현을 찾아 빈 칸을 채우십시오.

❶ 의사나 변호사 등과 같은 고도의 지식을 필요로 하는 직업을 (   )이라고/라고 부른다. 반면 (   )은/는 특별한 기술이나 전문적인 지식이 없어도 할 수 있는 일을 뜻한다.

❷ 어떤 한 가지 일에 매진해 일하는 사람을 그 분야의 (   )이라고/라고 하며 (   ) 이란/란 사업 등을 독립하여 자기 힘으로 경영하는 사람을 말한다.

❸ 이력서는 직업을 구하는 (   )과/와 채용담당자와의 첫 만남이라고 할 수 있으므로 정성을 다해 작성해야 한다.

❹ 요즘은 불경기로 인한 (   ) 때문에 그 일에 적합한 능력과 실력을 갖추고도 입사시험에 낙방하는 사람들이 많다.

2) (나)에서 알맞은 표현을 찾아 빈 칸을 채우십시오.

❶ (   )은/는 졸업 후에 사회에 나아가거나 진학하는 문제로 상담을 하는 것이다.

❷ 취업에 관한 여러 정보를 알려면 (   )에 가는 것이 좋은데 여기에서는 자신이 직업과 관련된 특정 능력을 어느 정도로 갖추고 있는지 알 수 있는 (   )을/를 받아볼 수 있다.

❸ 자신의 직업 관련 능력을 알아 본 다음에는 (   )에 접속해서 자신에게 맞는 직업을 찾아 볼 수 있다.

02 이 대화에서 말하는 대기업과 중소기업의 장단점을 이야기해 보십시오.

[보기] 저는 한국에서 취직하는 것이 제게 유리하다고 생각해요. 요즘 한국도 구직난이 심하지만 우리나라보다는 심하지 않거든요. 게다가 세계가 점점 좁아지고 있는 요즘 외국 유학생활과 외국에서의 직장생활은 앞으로의 제 삶에 큰 도움이 될 것 같아요. 아무리 구직자가 많다고 해도 취업정보 사이트에 꾸준히 접속해서 정보를 찾고 진로정보센터에 가서 진로상담도 받으며 적극적으로 일자리를 찾노라면 제가 원하는 일을 찾을 거라 확신해요.

문법

01 다음을 읽고 문법 및 표현을 익혀 봅시다.

이른바 명문대를 졸업하고도 번번이 입사시험에서 떨어져 3년째 취업준비를 하고 있는 우리 오빠를 보면 취업난이 얼마나 심각한지를 나는 피부로 느낀다. 하지만 무조건 최상의 조건을 갖춘 회사에만 **입사하려고 드는** 오빠에게도 문제가 있다. 우리 속담에 '첫 술에 배부르랴'라는 말도 있듯이 우선 웬만한 회사에 들어가 경험과 경력을 **쌓노라면** 좋은 기회가 올 텐데 왜 내 충고를 귀담아 듣지 않는지 모르겠다.

-으려고/려고 들다

1) 다음을 연결하고 보기와 같이 이야기해 보십시오.

노력을 하지 않다 •	• 좋은 결과만 얻다
공부를 열심히 하지 않다 •	• 자꾸 대들다
내 동생은 내 말을 안 듣다 •	• 인터넷게임만 하다
취직준비는 안 하다 •	• 학점만 잘 받다

[보기] 내 동생은 노력은 하지 않고 좋은 결과만 얻으려고 드니 정말 큰일이에요.

-노라면

2) 빈 칸을 채우고 보기와 같이 이야기해 보십시오.

고민이나 문제	해결 방법	얻을 수 있는 결과
취직이 어렵다	열심히 취업 준비를 하다	원하는 회사에 들어갈 수 있다
처음 맡은 업무라서 일이 손에 익지 않는다		
한국말이 늘지 않는다	꾸준히 연습하다	
다이어트를 해도 살이 빠지지 않는다		살을 뺄 수가 있다
몸이 늘 무겁고 피곤하다	잘 먹고 충분한 휴식을 취하다	

[보기] 취직이 어렵다지만 열심히 취업 준비를 하노라면 원하는 회사에 들어갈 수 있을 거예요.

02 다음의 고민이나 문제에 대해 보기와 같이 조언을 해 보십시오.

[보기] **고민**: 너무 말라서 걱정인데 아무리 먹어도 살이 찌지 않아요.
조언: 무조건 많이 먹으려만 들지 말고 하루 세 번 영양이 풍부한 음식을 규칙적으로 먹고 꾸준히 운동을 하노라면 살이 찌게 될 거예요.

고민 1) 회사에서 동료와 사이가 안 좋아 자주 싸운다.

고민 2) 부모님이 결혼을 반대하신다.

고민 3) 요즘 잠이 오지 않아 불면증에 시달린다.

과제 1 읽고 말하기

취업난이 심해지면서 '어떻게 하면 좀 더 빠른 시간에 정확하게 자신의 적성과 진로를 찾아서 취업에 성공할 것인가?'하는 것이 모두의 관심사이다.

이에 온라인 취업사이트 사람인(www.saramin.co.kr)은 대학생들의 취업에 도움이 될 수 있는 네 가지 방법을 다음과 같이 소개했다.

첫째로 나를 객관적으로 잘 아는 것이 취업성공의 지름길이 될 수 있다. 따라서 본인의 성격과 적성이 무엇인지 알고 싶을 때는 MBTI(성격 유형 검사)와 MMPI(다면적 인성 검사)등의 성격 및 적성검사를 통해 이를 확인하는 방법이 있다. 한국청소년상담원에 가면 이러한 검사를 받을 수 있다.

두 번째 방법은 노동부 산하 고용지원센터에서 운영하는 '청년층 직업지도'라는 프로그램에 참가하는 것으로 여기에서는 주로 취업에 도움이 되는 실제적인 방법들을 익히고 연습하는 활동을 한다. 이 프로그램의 참가자들은 진로설계나 직업선택, 자기소개서 작성, 면접기법 등의 도움을 받는데 15~29세의 청년층이면 누구나 참여가 가능하고 신청은 가까운 노동부지방사무소 및 고용지원센터에서 하면 된다.

그 다음으로는 각 대학에서 마련한 재학생들의 취업과 경력개발을 위한 취업지원실을 이용하는 것이다. 이곳에서는 취업 및 진로에 관한 고민상담, 기업의 인턴십 소개, 취업캠프 주최 등 다양한 일을 하고 있다. 교내 취업지원실에서 운영하는 프로그램은 현재 재학생에게 꼭 필요한 내용들로 구성되는 경우가 많기 때문에 적극적으로 이용하면 큰 도움을 얻을 수 있다.

마지막으로 사회에 진출한 선배가 역할 모델이 되어주는 '멘토 프로그램'이 있는데 이 프로그램에서는 실무에서 얻은 지식이나 경험 등을 전해 들을 수 있기 때문에 이를 잘 이용하면 체계적인 미래계획을 세우는 데 도움이 된다. 멘토는 주변 지인의 도움을 받아 만날 수도 있고 제도적인 프로그램을 이용할 수도 있다. 현재 몇 개 대학을 중심으로 '교내 멘토 프로그램'이 실시되고 있다.

01 이 글의 중심 내용은 무엇입니까?

❶ 멘토 프로그램 소개
❷ 취업지원실 이용 방법
❸ 취업에 도움이 되는 여러 방법
❹ 요즘 대학생들의 최대 관심거리

02 여러분이 구직자라면 위 방법 중에서 어느 방법을 가장 먼저 사용하겠습니까?

03 온라인 취업사이트에서 소개한 네 가지 방법을 다음 표에 정리하고 각각의 장점을 이야기해 봅시다.

방법	장점

04 위에서 소개한 방법 외에 직업을 구하는 데 도움이 되는 또 다른 방법이 있습니까?

과제 2 상담하고 조언하기 [CD2:24]

기능표현 익히기

〈상담 요청하기〉

- 이런 때는 어떻게 해야 할까요?

〈공감하기〉

- 그런 마음이 드는 것은 아주 자연스럽고 당연한 현상입니다.

〈위로하기〉

- 그런 일이 있었다니 정말 힘드셨겠습니다.
- 누구나 그런 때가 한 번쯤 있기 마련입니다.

〈상대방의 입장에서 바라보기〉

- 저도 ______ 씨 입장이었다면 그렇게 했을 겁니다.

〈해결 방법 찾아주기〉

- 이렇게 해 보는 것도 하나의 방법이 될 수 있다고 생각합니다.

01 다음은 상담을 요청하는 이야기입니다. 듣고 빈 칸을 채우십시오.

피상담자 정보	1) 이름: 2) 현재 하고 있는 일:
상담 요청 내용	

02 다음은 위의 상담 요청에 대한 전문가의 답변입니다. 빈 칸을 채우십시오.

위로 또는 공감내용	
문제해결방법 제시하기	• • • •

03 여러분의 장래에 대한 상담표를 만들고 이야기해 보십시오.

피상담자 정보	1) 이름: 2) 현재 하고 있는 일:
상담 요청 내용	

04 친구의 고민을 듣고 상담전문가의 입장에서 해결 방법을 찾아 이야기해 보십시오.

02 취업 면접

학습 목표 ● **과제** 면접시험에서 질문에 대답하기, 자기 소개서 쓰기
● **문법** -은바, -을 바에야 ● **어휘** 면접

면접관은 면접시험에서 보통 어떤 질문을 할까요?
여러분도 면접시험을 본 적이 있습니까? 기억나는 특별한 질문을 이야기해 보십시오.

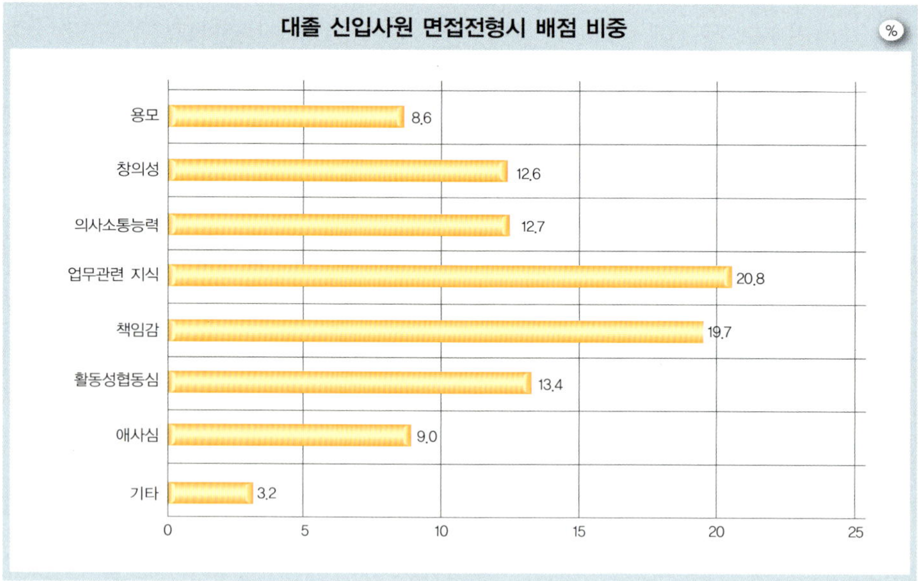

위 도표는 신입사원 면접 시의 배점 비중에 대한 것입니다.

1) 이 도표에 따르면 일반적인 면접시험에서 어떤 점을 중요하게 생각합니까?

2) 여러분이 면접관이라면 어떤 점을 가장 중요시하겠습니까?

대화

CD2:25~26

면접관	먼저 외국인으로서 우리 회사에 지원하게 된 동기가 무엇입니까?
웨이	저는 대학교에서 국제 무역을 전공했습니다. 우리 중국과의 무역을 적극적으로 추진하고 있는 이 회사야말로 제 능력을 펼칠 수 있는 곳이라고 확신해서 지원했습니다.
면접관	간단하게 자신의 장점을 소개해 보십시오.
웨이	저는 사교적이고 적극적인 성격이어서 학창시절부터 폭넓은 대인관계를 유지하고 있습니다. 여러 무역회사에서 아르바이트를 하거나 연수를 받으면서 실무경험도 쌓은 바 있습니다.
면접관	우리 회사엔 열정과 패기가 넘치는 사람이 필요합니다. 그 점은 어떻습니까?
웨이	제 취미는 철인 3종 경기입니다. 국제대회 입상 경력도 있습니다. 약 50km를 수영과 자전거와 달리기로 완주해야 하기 때문에 끈기와 패기가 없으면 불가능한 운동입니다.
면접관	우리 회사보다 조건이 좋은 곳도 있을 텐데 우리 회사를 선택한 특별한 이유라도 있습니까?
웨이	저에게 가장 중요한 조건은 바로 근무 환경과 분위기입니다. 틀에 박히고 구태의연한 업무 방식을 버리지 못하는 곳에서 일할 바에야 실업자로 지내는 게 낫다고 생각합니다. 이 회사에서는 창의적으로 업무를 수행하고 능력에 따라 평가받을 수 있으리라고 판단했기 때문에 지원한 것입니다.

01 웨이는 면접관의 질문에 어떻게 대답했습니까? 간단하게 이야기해 보십시오.

지원 동기	• •
자기 소개	• • • •

연수 패기 철인 3종 경기 입상 완주하다 틀에 박히다 구태의연하다 실업자 수행하다

02 웨이는 이 회사의 어떤 점에 끌렸습니까?

03 여러분이 면접관이라면 어떤 질문을 하겠습니까? 위의 대화에 이어서 면접관과 지원자가 되어 이야기해 봅시다.

[보기] 면접관 : 그럼 분위기만 좋으면 연봉이 아주 적어도 상관없단 말인가요?
지원자 : 네. 처음엔 적게 받더라도 능력에 따라 평가만 해 주신다면 곧 제대로 받게 될 테니까요.

어휘 면접

01 다음 어휘를 익히고 질문에 답하십시오.

(가)	(나)
지원동기 직업관 포부 자격증 자기 PR	리더십이 있다 협동심이 강하다 책임감이 강하다 창의성이 풍부하다 전공을 살리다 일익을 담당하다 능력을 펼치다 실무경험을 쌓다

1) 다음은 무엇에 대한 대답입니까? (가)에서 찾아서 쓰십시오.

❶ 정보처리기사 시험에 합격했습니다. (　　　　　)

❷ 이 분야의 일인자가 되는 것입니다. 누구보다 뛰어난 능력을 인정받는 최고가 되고 싶습니다. (　　　　　)

❸ 노력의 대가로 주어지는 급료도 무시할 수는 없지만 그보다는 회사에 도움이 되고 보람된 일에 더욱 가치를 두겠습니다. (　　　　　)

❹ 이 회사의 제품들이 소비자들로부터 큰 신뢰감을 얻고 있다는 것과 타사에 비해 수출 실적이 높다는 것입니다. (　　　　　)

2) 다음 글에서 관련되는 표현을 (나)에서 찾아서 쓰십시오.

❶ 기업은 개성이 다른 사람과 조화를 이룸으로써 운영되는 것이라고 생각합니다. 그런 의미에서 다른 사람들과 협력해 가며 업무를 수행하는 데 매력을 느낍니다. (　　　　　)

❷ 그리고 제가 맡은 일은 반드시 완수하고 맙니다. (　　　　　)

❸ 학창시절에 자주 친구들의 상담자 역할을 했습니다. 대학입학 후에는 국제교류 동아리를 만들어 회장으로 활동했습니다. (　　　　　)

❹ 또한 새로운 아이디어를 생각해 내서 재미있는 일과 새로운 일을 기획하는 데 자신이 있습니다. (　　　　　)

❺ 대학교에서 공부한 경영학을 활용하여 마케팅 관련 일을 하고 싶습니다. (　　　　　)

❻ 우리 회사를 우리나라 제1의 기업으로 발전시키는 데 기여하고 싶습니다. (　　　　　)

02 위의 단어를 사용하여 자신을 소개해 보십시오.

> [보기] 저는 한국어학교에 다닐 때 좌담회에서 사회자를 맡은 적이 있습니다. 다양한 사고방식을 가진 세계 여러 나라 사람들의 의견을 모아 찬반 토론을 진행하는 것은 생각만큼 쉽지 않았습니다. 저는 강한 책임감으로 철저하게 준비를 하였습니다. 좌담회는 성공적이었다는 평가를 받았습니다. 이 경험을 통해 제 자신에게 숨겨진 리더십도 발견하는 계기가 되었습니다.

문법

01 다음을 읽고 문법 및 표현을 익혀 봅시다.

이제 막 학교를 졸업한 사회 초년생인 나는 다음 달부터 한 중소기업에서 일하게 됐다. 사실 나도 남들처럼 대기업에 몇 군데 응시했다가 낙방의 슬픔을 **경험한 바 있다.** 그러나 그 아픈 경험으로 얻은 것은 훨씬 크다. 내 능력을 알아주지 않는 대기업에 들어가서 기회를 얻지 **못할 바에야** 작은 조직의 중소기업에 들어가서 다양한 업무를 익히고 경험을 쌓아 실력을 인정받는 게 낫다는 생각을 하게 된 것이다.

-는/은/ㄴ 바

1) 다음을 연결하고 보기와 같이 이야기해 보십시오.

영수는 컴퓨터 회사에서 수년간 일했다 •	• 이 정도의 문제는 간단하게 고칠 수 있을 거예요
유재식 씨는 수차례에 걸쳐 큰 시상식을 진행하였다 •	• 가장 선호하는 배우자의 직업으로 공무원이 1위를 차지했대요
결혼정보회사가 배우자의 직업 선호도를 조사했다 •	• 이번 영화제도 성공적으로 진행할 수 있을 겁니다
아파트 안내방송을 통해서 공고됐다 •	• 솔직하게 모두 말씀해 주십시오
이번 뺑소니 사건에 대해서 안다 •	• 오늘 아침 9시부터 오후 5시까지 단수됩니다

[보기] 영수는 컴퓨터 회사에서 수 년 간 일한 바 있어서 이 정도의 문제는 간단하게 고칠 수 있을 거예요.

-을/ㄹ 바에야

2) 다음 표를 보고 보기와 같이 문장을 만드십시오.

상황	선택 1	선택 2
[보기] 진로를 고민할 때	대기업에서 주말도 없이 일한다	중소기업에 취직한다
사이가 안 좋을 때	만날 때마다 싸운다	헤어진다
거리가 멀 때	4번씩이나 차를 갈아 탄다	비싸도 학교 근처로 이사한다
학비를 벌어야 할 때	아르바이트하느라고 공부도 제대로 못한다	휴학한다
음식이 맛이 없을 때	먹는다	굶는다

[보기] 대기업에서 주말도 없이 일할 바에야 중소기업에 취직하는 게 낫겠어요.

02 과거의 경험이 선택에 영향을 미친 경우를 위의 두 표현을 사용해서 이야기해 보십시오.

[보기] 저는 부동산 소개업자의 감언이설에 넘어가 서울 근교의 부동산에 투자를 했다가 엄청난 손해를 입은 바 있습니다. 그래서 요즘 다시 불붙기 시작한 부동산 재테크에는 전혀 관심이 없습니다. 또 그런 어리석은 일을 저지를 바에야 그 돈을 어려운 이웃에게 다 나눠주는 게 훨씬 낫지요.

과제 1 듣고 말하기 [CD2:27]

01 다음을 듣고 질문에 답하십시오.

1) 이 리포트는 무엇에 대한 것입니까?

❶ 면접시험의 질문의 유형 ❷ 신입사원의 사직 이유 분석
❸ 면접시험 볼 때의 주의사항 ❹ 질문에 따른 면접관의 유형

2) 면접의 형태가 다양해지고 질문이 진화하는 이유는 무엇입니까?

3) 다음 질문은 어느 유형에 들어갈까요?

문제 해결형 로또형 시험형 경력 로드맵형

❶ 10억이 생긴다면 어떻게 하겠습니까?
❷ 같은 지역에 식중독이 발생하면 어떻게 대처하겠습니까?
❸ 3·5·10년 뒤 자신의 일상생활은 어떨까요?
❹ 일의 특성상 야근이 많고 때로는 철야도 해야 하는데 가능합니까?

4) 본문에 제시된 유형 중 어느 것이 가장 어려운 질문이라고 생각합니까? 왜 그렇습니까?

02 다음 질문에 답하십시오.

1) 여러분이 면접관이라면 '공휴일에 일해도 좋은가?'라는 질문에 대해 어느 대답이 가장 설득력 있다고 생각하십니까?

❶ 회사 업무가 우선이므로 야근과 휴일근무를 불사하겠다.
❷ 회사생활과 개인의 삶을 조화해 나가도록 최선을 다하겠다.
❸ 가정과 대인관계가 원만해야 회사 일도 잘 할 수 있으므로 개인적인 시간도 중요하다.

2) 직장별로 '문제 해결형' 질문은 어떻게 다를까요? 질문을 만들어 봅시다.

❶ 은행의 경우
❷ 여행사의 경우
❸ 대형마트의 경우
❹ 외식업체의 경우
❺ 보험회사의 경우
❻ 기타( )

과제 2 자기 소개서 쓰기

기능표현 익히기

- 저는 외국계 기업에서 5년간 실무 경험을 쌓은 바 있습니다.
- 많은 형제들 속에서, 협동과 양보 그리고 신뢰감이 얼마나 중요한가를 배우면서 자랐습니다.
- 몸에 밴 독서 습관을 통해 논리적인 사고력과 어학 능력을 기를 수 있었습니다.
- 자신의 진로를 스스로 결정하기 위해 위인과 인생 선배들의 글을 읽고 말씀을 들으면서 자신에게 옳은 길은 어느 것인지 찾으려고 노력했습니다.
- 친구 따라 왔던 여행이 계기가 되어 한국 유학을 결심하게 되었습니다.

자기 소개서 쓸 때의 주의사항에 관한 글입니다. 읽고 답하십시오.

입사시험 등에서 자기 소개서를 요구하는 것은 입사원서나 이력서만으로는 평가할 수 없는 가정환경이나 성장과정을 통해 그 사람의 대인관계나 책임감, 성실함, 창의성 등을 파악하기 위해서이다.

자기 소개서를 쓰는 방법은, 먼저, 자신의 성장과정을 연대기 순으로 기술한다. 가족사항이나 가풍을 언급하고 학창시절의 특기할만한 점을 독특한 체험이나 에피소드를 섞어가며 작성한다.

둘째, 자기 성격의 장단점이나 특기사항을 구체적으로 언급한다. 가령, 외국어실력이 높다든가, 리더십이 있다든가 하는 업무를 수행하는 데 도움이 될 만한 사항은 자신의 체험과 함께 자세히 기술해야 한다. 또한 단점은 단점대로 솔직하게 시인하면서 실수나 실패를 통해 새로운 가치를 경험했다는 방식으로 장점으로 활용하는 것도 하나의 방법이다. 이때 지나치게 자신의 장점만을 강조하지 않는 것이 좋다.

셋째, 지원 동기를 구체적으로 밝힌다. '평소 관심이 있었다, 이 회사 경영방침이 마음에 들었다' 등의 너무 단순하고 막연한 내용보다는 해당분야에 대한 자신의 소질이나 신념, 전공과의 관련성을 구체적으로 언급한다.

넷째, 장래의 희망 또는 포부를 밝힌다. 이것은 일에 대한 의욕을 표현하는 부분이므로 '열심히', '최선을 다해' 따위의 판에 박힌 표현보다는 어떠한 계획이나 각오를 갖고 일할 것인가를 분명히 서술하는 것이 좋다. 특히 지원하는 회사의 방침이나 특성을 미리 파악하여 자신의 성격에 맞도록 재포장하는 지혜도 필요하다.

다섯째, 문장은 간단명료하고 어휘는 현실성 있는 표현으로 진솔하게 구성한다.

01 입사 시험에서 자기 소개서를 요구하는 이유가 아닌 것은 무엇입니까?

❶ 지원자의 학력과 경력을 알 수 있기 때문에
❷ 가정환경이나 성장과정을 파악할 수 있기 때문에
❸ 지원자의 대인관계나 성격 등을 파악할 수 있기 때문에
❹ 입사 원서나 이력서에 나타나지 않는 것을 알 수 있기 때문에

02 다음 자기 소개서의 문장들을 읽고 위의 주의사항에 어긋나는 것은 어느 것인지 찾아보십시오.

❶ 저는 초등학교 교사를 하시는 부모님 밑에서 3남매 중 막내로 태어났습니다.
❷ 어려서부터 공부면 공부, 운동이면 운동, 미술이면 미술, 못하는 것이라고는 없었습니다.
❸ 저는 대학에서 응용미술을 전공하였으며 국내 최고의 광고기획사인 귀사에서 제 능력을 더욱 갈고 닦아 귀사의 발전에 일조를 하고 싶습니다.
❹ 모교의 대표로 출품했던 작품이 독창적인 아이디어가 넘친다는 평가를 받았습니다. 광고들마다 톡톡 튀는 아이디어로 고객을 사로잡는 귀사에서 제 능력을 펼쳐보고 싶습니다.

03 위의 주의사항에 따라 자기 소개서를 써 봅시다.

1) 먼저 주요사항을 간단히 정리해 봅시다.

성장 과정	가족 관계	
	가풍	
	학창시절	
성격	장점	
	단점	
특기와 취미	특기	
	취미	
지원 동기	전공	
	신념	
	포부	

2) 위의 표를 바탕으로 보기와 같이 자기 소개서를 써 보십시오.

'성실과 사랑'을 가훈으로 하는 평범한 중산층의 가정에서 2남 3녀 중 장남으로 태어난 저는 비교적 많은 형제들 속에서, 협동과 양보 그리고 사람끼리의 신뢰감이 얼마나 중요한가를 배우면서 자랐습니다.

주위에서 상상력이 풍부하고 말주변이 좋다는 평을 들었던 저는 초등학교 시절에는 교내외 백일장에서 여러 번 입상하였고, 중고등학교 재학 시는 학교 간부직을 맡아 리더십을 익혔으며 합창반 단원으로 활약하기도 했습니다.

학창 시절에 저는 앞으로 사람들에게 감동을 줄 수 있는 훌륭한 작품을 쓰는 문학가가 되고 싶었습니다. 그러나 주위의 권고, 특히 장남에게 거는 아버님의 기대를 저버릴 수 없어 법대에 진학했습니다.

저의 대학 시절은 모든 법대생들이 그렇듯 고시 공부에 중심을 두고 착실히 학업에 전념하였습니다. 그러나 제 가슴속에 남아있는 예술에 대한 미련과 '끼'는 버릴 수 없어 '극예술 연구회'와 '문학 동우회' 등에서 법전 연구 못지않은 정열로 사랑과 예술 그리고 인생의 의미를 느껴 보려고 몸부림치기도 했습니다. 법과 시가 반반씩 제 머리와 가슴 속에서 자리 잡고 제 운명의 열쇠를 쥐고 있던 시절이었습니다.

대학 3년을 마치고 한 군 입대는 저에게 새로운 삶에 대한 시각을 열어주는 계기가 되었습니다. 최전방에 황량하게 부는 바람과 갈대는 이제껏 '개인'이란 차원에서만 맴돌던 행복과 진실이 '민족'이란 차원으로 승화하여 좀 더 넓은 삶의 의미를 깨우쳐 주었습니다.

그러나 복학 후 저는 제 자신이 남을 판결하는 일에는 맞지 않고 더 넓은 세계로 향한 저의 꿈과 욕망은 법조문을 뒤적이는 것에는 어울리지 않음을 깨달았습니다. 그래서 이제까지 한 법전공부를 토대로 법 지식을 활용할 수 있고, 자신의 예능과 사회에 대한 관심과 욕구를 최대한 충족시킬 수 있는 곳은 결국 언론사라는 결론을 얻어, 귀사의 제 27기 수습기자 모집에 지원하기로 결심했습니다.

항상 민중의 대변자임을 자처하고 정확하고 신속한 사실 보도에 사명을 다한다는 귀사의 언론관은 민주주의 사회에서 꼭 필요한 언론인의 사명을 다하고 싶은 저에게 저 자신을 투신하여 젊음과 정열을 불사를 수 있는 곳이라는 확신을 주기에 충분하였습니다.

이제 적으나마 저의 능력과 지식을 이 사회에 봉사할 기회로 삼아 귀사에 수습 기자직으로 지원하게 된 것을 영광으로 생각하며 무궁한 발전을 기원합니다.

출처: 이기종 편저 〈작문의 이론과 실제〉

03 정리해 봅시다

I. 어휘

01 빈 칸에 알맞은 단어를 골라 쓰십시오.

패기	입상	포부	자격증	실업자	철인 3종 경기
지원동기	직업관	복리후생	근시안	조직	추진하다
펼치다	완주하다	틀에 박히다	구태의연하다	돌리다	

대기업에 지원할까?

→ 장점
- 연봉이 높다
- 사원을 위한 (　　　　)이/가 잘 되어 있다.
- 큰 (　　　　)안에서 다양한 경험을 축적할 수 있다.

→ 단점
- 경쟁이 치열하다
- 능력을 발휘할 기회가 적다

중소기업에 지원할까?

→ 장점
- 자신의 능력을 개발하고 (　　　　)을/ㄹ 기회가 많다.
- 학벌이나 전공보다는 실무 능력에 대한 관심과 열정을 우선시한다.
- 고속승진이 가능하다.

→ 단점
- 임금과 근로조건이 대기업만큼 좋지 않다.
- 안정적이지 못하다
- 일을 (　　　　)는 방식이 경영자 개인의 성격이나 능력에 좌우되는 일이 많다.

→ 결론
- 당장의 결과만을 기대하는 (　　　　)적인 사고에서 벗어나 다른 가능성으로 눈을 (　　　　)어/아/여 보기로 했다.
- 학벌에 자신이 없으므로, 내 성격의 장점 즉 쉽게 포기하지 않는 (　　　　)과/와 (　　　　)을/를 인정해 줄 중소기업이 있다면 거기에 들어가기로 했다.

02 다음을 연결하고 보기와 같이 쓰십시오.

[보기] 전공	•	• 쌓다
❶ 일익	•	• 살리다
❷ 능력	•	• 펼치다
❸ 실무경험	•	• 담당하다
❹ 창의성	•	• 강하다
❺ 책임감	•	• 풍부하다

[보기] 사회복지학 전공을 살려서 사회복지 센터에서 일하게 되었다.

❶ ....

❷ ....

❸ ....

❹ ....

❺ ....

03 다음 글자로 끝나는 단어들을 쓰십시오.

1) □□ 난: ...., ..., ..., ...

2) □□ 직: ...., ..., ..., ...

3) □□ 자: ...., ..., ..., ...

II. 문법

알맞은 문법을 한 개 이상 골라 보기와 같이 이야기를 완성하십시오.

-으려고/려고 들다　　-노라면　　-는/은/ㄴ 바　　-을/ㄹ 바에야

[보기] 직장에 입사한 지도 3년이 지났지만 회사를 위해서 아직 이렇다 하고 한 일이 없는 것 같다. 그래서 스스로에게 회의가 들기도 했는데 그러던 중 '직장을 위해서 당신이 할 수 있는 일'이라는 책을 접하게 되었다. 그 책에 쓰여진 바에 따르면 성급하게 뭔가 실적을 올리려고 들지 말고 자기에게 주어진 일을 충실히 하노라면 언젠가 기회는 올 것이며 그 기회를 놓치지 않는 것이 중요하다는 것이었다.

01 친한 친구와 말다툼을 하고 일주일째 연락을 하지 않고 있다. 하루가 멀다 하고 만나고 하루에도 몇 번씩 문자메시지를 주고 받는 사이였는데 이런 일이 생겨서 마음이 불편하다.

02 새로 부임한 부장은 너무나 꼼꼼하고 치밀한 성격이다. 한 번에 끝내도 될 듯한 서류를 검토하고 수정하고 검토하고 수정하고. 이런 방식에 익숙하지 않은 직원들 중에는 불평을 하는 사람도 있다.

03 정부는 1가구 2주택자, 즉 주택을 둘 이상 소유한 경우에 대해 세금을 올리기로 결정했다고 한다.

04 뭐든지 다른 사람들에게 퍼주기를 좋아하시는 우리 어머니. 다른 사람들과 나누는 것이 좋은 일이라는 건 알지만 요즘 같이 물가도 비싼 세상에 아깝다는 생각이 드는 게 사실이다. ....

....

....

....

Ⅲ. 과제

두 사람이 짝이 되어 보기와 같이 모의 면접을 해 보십시오.

〈지원자 정보〉

성명 : 김영수(남, 27세)

성격 : 매사에 적극적이며 지기 싫어하고 욕심이 많은 편이다.

전공 : 사회체육학

포부 : 한국 스포츠팬들이 스포츠를 보다 바르고 다양하게 즐길 수 있도록 정보를 제공하는 기사를 쓰고 싶다.

지원 부문 : 신문사 스포츠 기자

특기 사항 : 대학 시절 교내 신문 기자로 활동했다.

[보기] 면접관 자신의 성격의 장단점을 말씀해 주십시오.

김영수 저는 매사에 적극적입니다. 그것이 저의 장점이기도 하지만 때로는 단점이기도 한 것 같습니다. 무슨 일이든 남에게 지기 싫어합니다. 어차피 해야 할 일이라면 남보다 앞장서서 남보다 잘 해내고 싶다는 욕심 때문에 적극적이다 못해 지나칠 때도 있는 게 아닌가 하고 스스로 반성하기도 합니다. 그러나 매순간 충실히 살았던 것에 대해서는 후회하지 않습니다.

면접관 학창시절에는 어떤 동아리 활동을 하셨습니까?

김영수 학교 신문사에서 기자로 활동했습니다. 주로 학생들에게 적당한 여러 스포츠를 소개하고 손쉽게 접할 수 있는 방법들을 알려주고자 노력했습니다.

면접관 장래의 포부는 무엇입니까?

김영수 대학에서 공부한 체육 이론을 바탕으로 우리 국민들에게 스포츠를 더욱 폭 넓게 보급하기 위해 스포츠에 대한 정확하고 다양한 정보를 제공하는 기사를 쓰고 싶습니다.

면접관 이 부문을 지원한 이유는 무엇입니까?

김영수 제 포부를 실현하기 위해서는 기자가 되는 길 밖에 없다고 생각했습니다. 언론의 힘이 얼마나 크고 위대한지 잘 알기 때문에 이 방법으로 제 꿈을 이루겠다고 마음먹은 것입니다.

1)

성명 : 이미영(여, 24세)

성격 : 책임감이 강하나 지나치게 완벽을 기하려고 한다.

전공 : 의류디자인

포부 : 우리 한복의 세계화를 위해 한국을 대표할 수 있는 의상 디자이너가 되어 한복의 아름다움과 장점을 세계에 알리고 싶다.

지원 부문 : 여성 의류 회사의 디자인 부문

특기 사항 : 연극 동아리에서 의상을 담당했다.

2)

성명 : 박민수 (남, 26세)

성격 : 끈기와 참을성이 강하나 내성적이다.

전공 : 사회복지학

포부 : 노인 복지 관계 업무를 하는 공무원이 되어 노인복지제도 개선과 윤택한 노인의 생활 환경 조성에 기여하고 싶다.

지원 부문 : 구청 노인 복지 관계 업무

특기 사항 : 학창시절에 사회 봉사 시설에서 다양한 봉사활동을 했다.

3)

성명 : 이지영 (여, 26세)

성격 : 명랑하고 솔직하나 성격이 급하다

전공 : 유아교육학 / 레크레이션

포부 : 어린이들의 거울이 될 수 있는 교사가 되어 어린이들의 밝고 행복한 미래를 위해 바르고 건강하게 성장하도록 도와주고 싶다.

지원 부문 : 유치원 교사

특기 사항 : 학창시절에 춤 동아리에서 다양한 춤을 연습했다.

문화

조선시대의 신분제도

사농공상은 조선 초기에 백성을 나누던 네 가지 계급이다. 사는 선비, 농은 농민, 공은 공장, 상은 상인을 이르던 말이다. 조선 왕조의 계급 질서는 고려시대로부터 내려오던 전통적인 사회적 기반과 새로운 유교적 이념에 입각해서 사회계층을 사농공상의 순대로 정했다.

선비는 대부분이 최상위의 사회 지배층인 양반이었고 상인은 최하층으로 천대를 많이 받던 계급이었다. 조선시대의 귀족이었던 양반은 그들의 특권적 위치를 더욱 강화하고 지속시키기 위하여 그들 스스로가 신분차별 정책을 기획, 실현하였다. 각 신분층은 서로 상하우열로 평가되는 직업을 각각 세습하였다. 다른 신분층간의 결혼은 금지되었으며 거주 지역조차 서로 분리되는 경우가 많았다.

조선시대는 농본주의와 농자는 천하지대본의 사상으로 농민은 사의 그 다음 계층으로 여겼다. 농민은 크게 두 가지로 나뉘었다. 그 하나는 사유지를 경작하는 자작농으로서 그 비율은 아주 작은 편이었다. 다른 하나는 소작농으로서 대부분의 농민이 거기에 속하였다. 소작농은 국유지 또는 양반의 사유지를 경작하고 국가 또는 지주에게 지대를 바치었다.

농민의 그 다음 계층은 공장이었다. 공장은 수공업에 종사하는 사람들이었다. 조선시대는 유교문화의 영향을 많이 받았기 때문에 물건을 사고, 팔고 돈을 버는 상인들을 최하 계층으로 간주하였다.

이러한 신분차별은 조선 초기로부터 수백 년 동안 계속되다가 1894년(고종 31) 갑오개혁 이후 점차 그 질서가 무너졌다. 조선 후기에는 농업기술의 발달에 의한 농산물의 증수와 전란 당쟁을 통한 국가통치력의 약화에 따라서 상민층의 일부는 양반으로 신분상승이 가능하였다.

1. 조선시대의 신분제도에 대해 알아봅시다.

2. 여러분 나라의 신분제도에 대해서 이야기해 봅시다.

문법 설명

01 -으려고/려고 들다

어떤 행위를 할 의도나 목적이 있음을 나타내는 '-으려고/려고'와 '꾀하거나 이루려고 하다'의 뜻을 가진 '들다'가 보조동사로서 결합한 형태이다. 동사에 붙어서 그러한 행위를 할 의도를 가지고 적극적으로 추진함을 나타낸다. '-으려고/려고 하다'보다는 강한 느낌을 주는 표현이다.

- 이야기를 자꾸 숨기려고 드니까 더 궁금해요.
- 다섯 살짜리 꼬마가 무엇이든지 알려고 든다.
- 일을 배우려고 들면 금방 배워요.
- 개가 화가 나서 주인을 물려고 들었다.

02 -노라면

동사에 붙어서 어떤 행위를 지속적으로 유지하다 보면 다른 어떤 상황을 맞게 된다는 뜻을 나타낸다. '다가 보면'이나 '계속해서 한다면'과 의미가 비슷하다.

- 계속 운동하시노라면 건강을 회복하실 수 있을 거예요.
- 그 노래를 듣고 있노라면 마음이 편안해진다.
- 사노라면 언젠가는 즐거운 날이 올 거야.
- 열심히 노력하노라면 성공할 수 있을 거예요.

03 -는/은/ㄴ 바

앞에서 말한 내용 그 자체나 일 따위를 나타내는 말이다. 특히 '은/ㄴ 바 있다'는 '어떤 일을 한 경험이 있다'는 의미로 뒷 절의 근거로 이용되는 경우가 많다.

- 그 선수는 올림픽에서 메달을 딴 바 있는 우수한 선수입니다.
- 홍보과에서 공고한 바와 같이 이번 창립기념일에는 자사 주최 바자회가 정문 앞광장에서 열립니다.

- 일부 언론사가 보도한 바에 의하면 재벌 기업의 비자금 문제의 실체가 조만간 밝혀질 것으로 보입니다.
- 새로운 교육정책에 대해서 생각하시는 바를 허심탄회하게 말씀해 주시기 바랍니다.

04 -을/ㄹ 바에야

앞 절의 내용을 절대로 받아들일 수 없어서 그것을 선택하는 것보다는 오히려 뒷 절의 내용을 받아들이는 게 낫겠다는 의미이다.

- 결혼해서 구속당하면서 살 바에야 외로워도 자유롭게 혼자 사는 게 낫지 않아요?
- 그 사람한테 내 돈을 맡길 바에야 차라리 고양이한테 생선가게를 맡기는 게 낫지요.
- 이렇게 제대로 된 일 한 번 못 해 보고 잔심부름만 할 바에야 돈은 못 벌어도 백수로 지내는 게 낫겠어요.
- 복권에 당첨돼서 가족 사이가 나빠질 바에야 가난해도 행복하게 사는 게 훨씬 나아요.

듣기 지문

듣기 지문

6과 2항 과제 1 [CD2:05]

경제 발전 초기에는, 국산품을 사용하는 것이 기업을 보호하고 육성하는 데 도움이 될 수 있습니다. 그러나 국산품을 사용하는 것이 한 나라의 경제에 긍정적인 영향만을 미치는 것은 아닙니다. 즉, 품질이 좋지 않은 것도 국산품이라고 해서 구매한다면, 기업들의 생산성 향상이나 품질 개선 노력을 저해하게 될 것이며 결과적으로 대외 경쟁력을 약화시키고 수출도 어렵게 만들 것입니다.

글로벌 경쟁 시대에 세계의 다국적 기업들은 전 세계를 생산 기지화하고 있습니다. 가장 싼 곳에서 부품을 공급받아, 가장 비용이 적게 드는 곳에서 조립하여 세계 각처에 제품을 공급하고 있는 것입니다.

21세기는 이제까지의 자기중심적 민족주의를 버리고 보편적 세계주의 시대로 변화해야 할 것입니다. 이것은 우리 민족의 이익을 지키기 위해서도 꼭 필요한 것입니다.

세계는 수년 내에 경제적 면에서 국경이 없어질 것이며, 우리나라의 농촌도 전 세계의 농촌과 경쟁해야 하고, 뒷골목의 조그마한 공장도 전 세계의 공장과 겨뤄야 합니다. 그러므로 국산품 애용이 반드시 애국이 아니며, 국산품도 세계 경쟁에서 이길 수 없는 것은 도태되어야 합니다.

7과 1항 과제 1 [CD2:08]

안녕하십니까? 창덕궁에 오신 관람객 여러분을 진심으로 환영합니다. 지금부터 여러분은 개별적인 자유 관람은 할 수 없고 제 안내에 따라서 1시간 20분간 관람하실 수 있습니다.

유네스코가 지정한 세계문화유산인 창덕궁은 1405년에 지어진 것으로 처음에는 별장 개념으로 사용된 궁궐이었으나 1610년부터 1868년까지 정궁으로 사용되었습니다.

여러분이 방금 들어오신 문은 창덕궁의 정문인 돈화문으로 서울에서 가장 오래된 목조 건물이고 현재 남아 있는 궁궐 정문 중에서도 가장 오래된 것입니다. 조선시대에는 2층에 종과 북이 있어서 시간을 알려주었다고 하나 지금은 남아있지 않습니다. 이 앞에 있는 다리는 금천교라고 하는데 현재 서울에 남아있는 돌다리 중에서 가장 오래된 돌다리입니다. 조선의 궁궐에는 공통적으로 입구 부근에 맑은 물이 흐르게 하고 그 위에 돌다리를 놓았고 다리의 중간과 아래에 동물들을 조각해서 나쁜 귀신을 쫓고 궁궐을 지키게 했다고 합니다. 자, 저를 따라서 이쪽으로 오십시오. 지금 보고 계시는 건물은 인정전이라고 하는데요, 이곳은 왕의 자리에 오르는 의식인 즉위식을 하거나 외국에서 온 사신을 만나는 등 나라의 중요행사가 진행되던 궁궐의 대표적인 공간입니다.
– 중략 –

여기는 왕들의 휴식처로 쓰이던 후원 즉 뒤뜰입니다. 이곳은 300년이 넘은 큰 나무와 연못, 정자 등의 시설이 자연과 조화를 이루도록 함으로써 창덕궁을 한국에서 가장 아름다운 궁궐로 꼽히게 했습니다. 이쪽으로 오십시오. 이것은 부용지라고 부르는 연못입니다. 이 연못의 네모난 모양과 저 안의 동그란 섬을 잘 보십시오. 조선의 궁궐 연못은 그 당시 사람들이 믿고 있었던 '하늘은 둥글고 땅은 네모나다'는 사상에 의해서 만들어졌습니다. 즉 땅을 상징하는 네모난 연못 속에 하늘을 상징하는 둥근 섬을 만들었습니다.
– 후략 –

8과 1항 과제 1 [CD2:13]

풍수지리란 지형이나 방향을 인간의 길흉화복과 연결시켜, 죽은 사람을 묻거나 집을 짓는 데 알맞은 장소를 찾는 이론을 말하는데, 이 이론에서는 좋은 터에 지은 집을 좋은 집이라고 정의한다. 그리고 좋은 터라는 것은 수맥이 흐르지 않는 땅이라고 말한다. 즉, 사람은 언제 어디서나 땅의 기운을 받으며 생활하므로 그 땅의 기운이 좋으면 좋은 기를 받아 모든 일이 잘 되고, 땅의 기운이 나쁘면 나쁜 기운을 받아 모든 것이 좋지 않게 된다는 것이다. 그래서 예부터 조상들은 묏자리나 집터를 고르는 데 신중했고 정성을 다하였다. 그런데 나쁜 기운을 내는 나쁜 땅의 대표는 바로 수맥이 흐르는 땅이다. 여기에서는 나무조차 잘 자라지 못한다. 완전히 생기를 상실한 나쁜 터이기 때문이다. 따라서 이곳에 집을 짓지 않아야 하는 것은 당연하다. 좋은 집이란 좋은 땅의 기운이 많이 배출되어 좋은 기운을 지속적으로 받을 수 있는 그런 터에 지어진 집이다.

좋은 집으로 인정받으려면 집이 향하는 방향도 중요하다. 방향은 다름 아닌 태양의 기운을 얼마나 많이, 오래 받을 수 있느냐의 문제로서 남향과 동향집이 좋고 북향집이나 서향집이 좋지 않다는 것이 일반적인 정설이다. 왜냐하면 동쪽과 남쪽으로부터 아침의 밝고 충만한 기운을 받을 수 있어 채광과 환기가 제대로 잘 되기 때문이다.

그 외에도 집은 주변의 환경으로부터 영향을 많이 받게 되는데, 예를 들어 집 주위에 커다란 고압선이 지나가는 곳, 큰 도로를 끼고 있는 곳, 하천과 가까이에 있는 곳, 혐오시설이나 짓다가 만 흉측한 건물이 있으면 좋은 집터가 아니다.

듣기 지문

9과 1항 과제 2 [CD2:18]

여러분, 안녕하십니까?

수년간의 연구를 통해 새롭게 선보이게 된 이 제품은 책, 의류 등 모든 물건에 눈에 띄지 않게 부착하는 마이크로 태그입니다. 그야말로 각 제품들의 신분증의 역할을 할 수 있는 소형 칩입니다.

이번에 개발된 마이크로 태그는 물건을 판매하는 판매자와 물건을 구입하는 소비자 모두가 가지고 있었던 각각의 불편함을 해소하고자 연구, 개발하게 되었습니다. 그 동안 판매자가 어떤 물건이 얼마나 판매되었는지를 파악하는 데는 많은 시간과 인력투자가 필요했을 겁니다. 이러한 불편은 이제 각 제품에 부착되어 있는 마이크로 태그가 해결해 줄 것입니다.

소비자의 입장에서는 큰 맘 먹고 구입한 고가품이나 각 제품들의 도난, 분실에 대한 우려가 컸습니다. 또한 사이버 공간에서 개인정보와 카드번호를 공개하는 것에 대한 불안감도 큰 사회문제로 대두되었습니다.

이러한 판매자와 구매자의 불편은 이 마이크로 태그 하나로 완벽하게 해결할 수 있습니다. 우선 마이크로 태그를 사용하게 되면 제품의 재고관리가 용이해집니다. 왜냐하면 제품이 판매되는 순간 그 제품에 대한 모든 정보가 입력되기 때문입니다. 뿐만 아니라 구매자의 정보도 입력이 되므로 제품의 구매와 동시에 누가 이 제품을 소지하고 있는지를 파악할 수 있습니다. 또한 모든 제품의 추적이 가능하므로 도난을 당했을 경우 제품의 위치와 경로를 확인할 수 있습니다. 따라서 분실이나 도난에 대한 걱정은 사라지게 됩니다. 쇼핑 후 계산대에서 오래 줄을 서서 기다릴 필요도 없습니다. 구매한 물건은 마이크로 태그를 통해 자동으로 계산되어 소비자의 은행계좌에서 빠져 나갑니다.

9과 2항 과제 1 [CD2:21]

사회적으로 인재를 평가하는 시각이 달라지면서 인재가 지녀야 할 요소들도 크게 달라지고 있다. 과거에는 학력과 경력을 중심으로 해당분야에 대한 전문적인 능력만 있으면 인재로 평가받을 수 있었지만 앞으로는 업무능력 외에도 여러 능력을 고루 갖춘 인재가 높은 평가를 받게 될 것이다. 미래사회에서 인재로 평가받으려면 어떤 요소를 갖춰야 할까?

첫째, 비전을 가져야 한다.

미래의 변화를 예측하고 그에 적합한 꿈을 가져야 한다. 뜬 구름을 잡는 듯한 모호한 비전이 아니라 구체적이고 실제적인 비전을 지녀야 한다. 눈 앞의 이익만을 고려하는 것이 아니라 거시적인 관점에서의 비전을 구상해야 한다.

둘째, T자형 인간이 되어야 한다.

미래사회에서는 자신의 전공 분야만 아는 인재는 성공 가능성이 낮아질 것이다. 자신의 전문 분야뿐만이 아니라 다양한 분야에 걸쳐 깊이 있는 폭 넓은 지식을 지녀야 한다. T자의 세로 선은 전공 분야에 대한 깊이를 의미하며 가로 선은 다방면에 걸쳐 박식한 지식을 지녀야 함을 의미한다. 따라서 T자형 인간이란 깊이와 다방면의 박식함을 두루 갖춘 인간형을 의미하는 것이다.

셋째, 국제 감각을 익혀야 한다.

우물 안 개구리는 글로벌 사회에서 성공하기 힘들다. 시야를 세계로 돌려야만 생존할 수 있을 것이다. 국제 감각을 익히기 위해서는 외국어 구사능력은 필수 조건이다.

넷째, 유연성을 길러야 한다.

미래사회의 기술적 변화와 치열한 경쟁에 적응하기 위한 필수 조건은 유연성이다. 변화하는 사회에 유연하게 대처하지 못한다면 예기치 못한 어려움에 직면하게 될 것이다.

다섯째, 창의성을 키워야 한다.

20세기 산업화 사회에서 요구하는 인재형은 성실성과 충성심이 가장 중요한 요소였고 윗사람에게 순종하고 자신의 임무만 충실하게 수행하면 인재라는 말을 들을 수 있었다. 하지만 시대가 변해 이제는 새로운 정보와 기술을 개발하고 활용할 수 있는 창의력이 인재의 중요 덕목이다.

듣기 지문

10과 1항 과제 2 [CD2:24]

(질문) 올해 대입에 실패하고 학원에 다니고 있는 강동건입니다. 전 배우가 되고 싶습니다. 그래서 연기학원에 다니고 있었는데, 부모님께서 제가 배우가 되는 것을 반대하셔서 학원을 그만두었습니다. 공부를 해서 대학에 가라는 겁니다. 대학에 연극영화과가 있지만 하도 반대가 심해서 지금은 대학입시준비를 도와주는 학원에 다니고 있습니다. 하지만 공부에 아무런 흥미를 느낄 수가 없어서 마음은 다른 곳에 가 있고 의자에 몸만 앉아 있는 셈입니다. 연기학원에 다시 다니고 싶지만 부모님이 크게 실망하실까 봐 선뜻 말을 꺼내지 못하고 있습니다. 부모님도 제 맘을 잘 알고 계시지만 별 말씀이 없으십니다. 어떻게 해야 할까요?

(답변) 하고 싶은 일을 하지 못하고 원치 않는 수업을 듣고 있다니 참으로 괴롭겠습니다. 힘들겠지만 우선 부모님이 정말 동건 군을 얼마나 사랑하고 있는지를 한 번 생각해 보세요. 자식을 너무 사랑하고 있기 때문에 섣불리 무엇이라고 답하기 어려우신 게 아닐까 하고 생각해 보세요. 혹시나 배우가 되라고 도와주었다가 실패하여 다른 좋은 일을 할 기회를 놓치게 된다면 얼마나 마음이 아프시겠어요. 만약 그렇게 되면 부모님을 원망하지 않을까요? 요즘 젊은 사람들 사이에서는 가수나 연예인들이 우상이 되다시피 하여 많은 젊은이들이 그런 사람이 되고 싶어합니다. 부모님도 그런 것을 걱정하고 계신 게 아닐까요?

강동건 군은 배우가 자신의 적성에 맞는지 스스로 확신을 가질 수 있고 또 이를 부모님이나 누구에게도 객관적으로 보여 줄 수 있는 증거를 가지고 있나요? 그렇지 않다면 일단 적성·흥미·성격검사를 한 번 받아 보십시오. 그리고 가까운 상담소에 가서 진로상담을 적어도 세 번 이상 받아 보십시오. 상담을 해서 배우가 적성에 맞는지, 배우는 어떤 생활을 하는지, 배우가 되려면 노래 말고 어떤 다른 재능도 필요한지, 그리고 배우 말고 다른 직업인이 될 수 있는 방법은 없는지 등을 진지하게 알아보고 고민해 보십시오. 그리고 나서도 배우가 되는 것이 최선이라고 판단이 선다면 그땐 그 일을 적극적으로 추진하시기 바랍니다.

이제 이러한 절차를 거쳐서 배우가 되기로 확신을 가졌다면 부모님과 진지하게 이 문제를 상의해 보십시오. 부모님께 자신의 생각과 그 동안의 진로상담 결과를 잘 전달해서 설득을 하시기 바랍니다. 혼자서 할 자신이 없으면 주변에서 도와 줄 수 있는 사람을 구해 보십시오. 부모님이 반대한다고 무조건 화내거나 싸우지 말고 부모님을 충분히 이해시키고 설득시킬 수 있도록 하는 것이 중요합니다. 물론 거기에는 충분한 근거들이 있어야 하겠지요. 그렇게 한다면 부모님은 성숙한 아들의 모습을 보며 적극적으로 지원해 줄 겁니다.

10과 2항 과제 1 [CD2:27]

요즘 취직하기가 하늘의 별따기라지만 1, 2년 다니다 그만두는 신입사원이 많은 것도 사실입니다. 그래서 기업들은 그걸 막으려고 능력 못지않게 끈기를 확인하는 면접의 필요성을 느끼고 있습니다. 그것이 면접의 형태와 질문이 진화하는 까닭입니다. 한 취업포털 사이트가 지난 1년 간 기업 채용 때 등장한 면접관들의 질문 4,000여 건을 정리해서 내놓았는데요 오늘은 그것을 소개해보겠습니다.

크게 4가지 유형으로 구분할 수 있습니다. 첫 번째 유형은 '문제 해결형'입니다. 이것은 직장생활에서 생길 만한 문제 상황을 주고 어떻게 대처할지를 묻는 방식인데 '난동을 피우는 고객이 있으면 어떻게 하겠는가'와 같은 질문을 던집니다. 학점이나 어학성적이 좋은 모범생이라도 순발력과 현장 감각이 떨어지면 곤란하다는 것입니다.

두 번째는 '로또형'입니다. '로또에 당첨돼도 회사에 다닐 것인가'하는 이런 질문에 대해 '그만 두겠다'는 취지의 응답을 하면 탈락을 각오해야 합니다. 직업관과 직장관을 알아보고자 하는 의도입니다. 비슷한 질문으로는 '10억이 생긴다면 어떻게 하겠나' 등이 있습니다.

세 번째는 '시험형'으로 지원자를 살짝 시험에 들게 하는 것입니다. 직장에 대한 충성심이나 구직자의 자세를 평가합니다. '잦은 야근으로 대인 관계가 소홀해지면 어떻게 하나', '공휴일에 일해도 좋은가' 등입니다.

네 번째 유형은 '경력 로드맵형'입니다. 어떤 비전을 갖고 회사 생활을 할지를 살펴보려는 것으로 '15년 뒤 자신의 모습을 그려보시오' 등입니다. 실현 가능성을 고려하고 구체적으로 답하는 게 좋다고 합니다.

색인

- 문법 색인
- 어휘 색인

문법 색인

어휘 색인